순 | 수 | 문 | 학 | 의 | 가 | 치 | 를 | 공 | 유 | 하 | 는 | 창 | 작 | 글 | 모 | 음

종합문예지 「청목」

문학고을선집

2025
제18호

문학고을 문학고을 출판사

종합문예지 「청목」 문학고을선집 2025 제18호

발행인 서문
006 　**조현민** ｜ 발행인 서문 _ 종합문예지 청목 제18호를 맞이하며

디카시
008 　김 선 규 　변주곡 외 2편
012 　염 혜 원 　바람개비 외 5편
019 　이 제 성 　도륙 외 1편

상반기 한마음 워크샵 백일장 수상작
024 　정 우 연 　이슬
027 　김 주 옥 　고향
031 　김 선 규 　간현강 폐역
034 　김 선 순 　유월 연서
038 　김 희 숙 　고향 그리고 겨울
041 　김 수 진 　목木의 절규
044 　주 진 복 　돌고 돌아

시론
048 　조 현 민 　시조편

디카시론
062 　염 혜 원 　디지털 시대의 감성 언어, 디카시

수필론
070 　정 혜 령 　수필론

소설론
077 　남 기 선 　1. 소설 누구나 쓸 수 있다?

인문학 산책
087 　김 선 규 　「인공지능의 펜촉 앞에 선 문학 — AI 시대의 문학과 인간성」
094 　이 지 선 　동일성 너머, 생성의 문턱에서

명수필
100 　신 경 희 　밥 주잖아요
107 　정 혜 령 　가슴에 스미는 한 모금

신작시

114	강영란	마음 청소 외 2편
119	고영재	아버지의 미소 외 2편
126	권기영	꽃 빛 외 2편
130	김경곤	탐관오리貪官汚吏 외 2편
134	김미선	시선 외 2편 외 2편
139	김선순	조용한 손길로 외 2편
145	김순호	흰 절규 외 2편
149	김영련	인고仁姑의 세월 외 2편
156	김영진	누구를 위한 묵념을 올릴까 외 2편
163	김영철	아름다운 꽃 외 2편
167	김영현	오늘 아침 외 2편
173	김 용	두려운 것들 외 2편
179	김정은	물오리 외 2편
183	김현경	길 외 2편
190	김희숙	길섶 잡초에도 봄은 깃들다 외 2편
194	나중식	고해苦海 외 2편
199	도정우	거울 외 2편
204	류영형	호수 위의 무도회장 외 2편
211	박위업	시재가 아닌 시인이 되기 위해 외 2편
217	박진수	재혼 외 2편
221	방성욱	미움 받을 용기 외 2편
225	서기선	침묵하는 마음 외 2편
233	손예하	축복 외 2편
239	송혜선	꿈 외 2편
246	신기순	은행잎 외 2편
252	신현경	가을 바다와 여인 외 2편
256	안귀숙	하늘엔 오뉴월 외 2편
262	안찬호	반가운 봄 외 2편
266	염여명	물수제비 외 2편
273	오향숙	따뜻한 봄 외 2편
277	윤강용	청소학개론 외 2편
285	이군호	상사화를 보며 1 - 아내에게 외 2편
289	이세미	쑥스러운 쑥쑥이 외 2편

294	이 세 종	분홍 무궁화의 눈물 외 2편
300	이 윤 지	삭정 가지 외 2편
304	이 윤 호	결혼 외 2편
310	이 지 선	낮은 곳에서 외 2편
316	이 현 숙	땀을 그리는 어머니 외 2편
322	임 성 환	찔레꽃 외 2편
327	임 영 신	운문산 석골폭포 외 2편
332	임 정 숙	사랑이 무엇인고 하니? 외 2편
339	정 석 호	인생 외 2편
347	정 선 녀	산 꽃 마을 외 2편
352	조 민 교	배나무 꽃잎이 질 때 외 2편
357	최 근 용	자동차 운전 외 2편
362	최 해 영	홍장미 외 2편
366	함 영 칠	박제 금복어金福魚 외 2편

신작시조

384	김 옥 희	그리움 Ⅰ 외 2편

신작동시

390	권 경 은	엄마, 배고파 외 2편
395	황 미 선	우주의 큰 별 외 2편

신작수필

400	강 열 우	어머니 그리고 두번째 어머니
405	김 성 남	비
410	김 영 현	내 나이 칠땡(77)이 칠칠세 되고 보니
417	박 주 혁	전환과 중립지대
424	백 분 이	술에 관하여
432	신 경 희	스스로에게도 지켜야 할 말 말 말
436	이 상 학	내 나이 열두 살 엄마 나이 서른여섯 때 이야기
442	이 필 수	여름이면 열무김치를 먹어줘야지
447	정 미 라	오늘도 남는 장사 하겠습니다
451	정 안 나	형! 심각해요! 오해예요!

종합문예지 「청목」
문학고을 선집 2025 제18호

발행일 | 2025년 7월 11일

발행인 | 조진희
편집인 | 조현민
발행처 | 문학고을 출판사

주소 | 경기도 부천시 오정구 성곡로 16번길 7, 901호
서울사무실 | 서울특별시 강남구 학동로38길 38 (논현동), 204호
전화 | 02-540-3837
홈페이지 | www.문학고을.com
이메일 | narin2115@naver.com
등록 | 제2020-111176호

ISBN 979-11-92635-33-0 03810
ISSN 2799-9904

*본지는 잡지윤리실천강령을 준수합니다.
*이 책 내용의 전부 또는 일부를 재사용하려면 반드시 저작권자와
문학고을의 동의를 받아야 합니다.

| 발행인 서문 |

종합문예지 청목 제18호를 맞이하며

　문단의 대표 문학지로 자리매김한 종합문예지 '청목'이 어느덧 18번째 호를 세상에 내놓게 되었다. 창간 이래, '청목'은 한국문학의 현재와 미래를 잇는 가교가 되고자, 늘 새로운 목소리와 깊이 있는 사유를 담아내기 위해 노력해 왔다.
　이 모든 여정은 독자 여러분의 애정 어린 관심과, 필진 여러분의 뜨거운 창작 열정이 있었기에 가능했다.

　이번 18호에는 시대의 흐름을 섬세하게 포착한 시(동시, 시조)와 디카시, 수필, 소설 그리고 삶의 결을 깊이 있게 담아 실었다. 특히, 그리움과 희망, 삶 속 내면의 다양한 감정들을 진솔하게 그려낸 작품들이 독자 여러분의 마음에 잔잔한 울림을 전하리라 믿는다.

　문학은 우리 삶을 비추는 거울이자, 더 나은 내일을 꿈꾸게 하는 힘이다. '청목'은 앞으로도 문학의 본질을 지키며, 새로운 시도와 실험을 두려워하지 않는 열린 문예지로 남고자 한다. 더 많은 이들이 문학의 향기 속에서 위로와

영감을 얻을 수 있도록, 저희는 한 걸음 한 걸음 정성을 다하고자한다.

다시 한 번, 문학고을 대표 문학지인 종합문예지 '청목'을 아끼고 사랑해주시는 모든 분들께 진심으로 감사드리며, 앞으로도 변함없는 관심과 격려를 부탁드린다

끝으로, 많은 문우님들의 성원에 힘입어 문학고을 문단본부 주최, 강원지부 주관 상반기 '한마음 워크숍'을 원주 섬강 소금산 빌리지에서 성황리에 마칠 수 있었다.
또한, 백일장을 통하여 장르별 수작들도 이번 문예지에 수록하게 되어 자긍심과 보람을 느끼며, 명품 문단으로 우뚝 서기 위한 소중한 계기가 되리라 확신한다.

— 문학고을 회장 · 시인 조현민

디카시

| 변주곡 외 2편

음표 없는 악보
뜨거운 박수갈채를 보낸다

붉은 노을의 앵콜

담현;澹弦 김선규

| 인생 2막

나이 60에

돌아가는 법을 알았다

담현 김선규

| 한판 승부

길고 짧은 건 대봐야지
한땐 나도 날렸다

다리 떨리면 지는 거다

담현 김선규

담현:澹弦 김선규

중앙대학교 예술대학원 산업디자인학과 석사 졸업
인덕대학교 디지털산업디자인학과 겸임교수
LG전자(주) 디자인경영센터 책임연구원
대한민국 디자인전람회 초대디자이너 및 심사위원, 대한민국 우수디자인 심사위원
문학고을 총괄본부장, 문학고을 등단 심사위원
한국강사교육진흥원 수석위원, 한국미래융합연구원 회원

〈주요 수상〉
제3회 문학고을 청목문학상 (작가대상), 2024. 박경리 디카시 공모전 장려상
제2회 시사불교 신춘문예 우수상 (디카시 부문)
제9회 한국디카시 경시대회 1등 작품상, 2023. 대한민국 디자인대상 대통령상
2023. 문학고을 신인문학상, 시 부문 등단
2022. 대한민국 100인 대상 산업디자인부문 우수대상
2019. 대한민국 우수디자인 대통령상 (롤러블 TV 디자인)
2011. 대한민국 우수디자인 대통령상 (냉장고 디자인)

〈저서〉
『내 안에 꽃으로 핀 그대』 (윤보영 시인학교 10인 공저 시집)
『문학고을 선집 제9집~17집』 (공저 종합문예지)
『발견은 기쁨이다 2』 (공저)
『서울시 고등학교 제품디자인 교과서』 (공저)

바람개비 외 5편

바람이 오면
살아 있음을 느껴요
기다려도 오지 않는 날에는
종이꽃으로 피어 있어요

염혜원

귀로

기억
하나하나씩 밝혀
길을 만들어요

캄캄한 날에도
내게 오는 길이 빛나도록

염혜원

4인 1조

지하 세계로 삼켜졌던 씨앗이
어둠의 자갈밭 사이를 뚫고
마침내 세상을 들어 올린다
온 가족이 이뤄낸 초록의 꿈

염혜원

| 겸손

향기 품어
하늘 아래
낮은 자리를 향하는
보이지 않는 손

염혜원

페르소나

두려울 것 없다

내 안에 거인이 있다

염혜원

한 톨 한 톨

햇살의 메아리를 삼켜
촘촘히 써 내려간 글밭

마지막 문장은
찰지게 빛나는 밥이다

염혜원

염혜원 시인

대일외국어고, 서울예술대학교 졸업
중앙대학교 예술대학원 문예창작전문가과정
한국디카시인협회 사무차장
문학고을 기획본부장 / 서울지부 지부장
문학고을 등단 심사위원

문학고을 청목문학상
문학고을 최우수작가상
문학고을 등단 시부문 신인문학상

제8회 [시와경계] 디카시 신인우수작품상
제1회 영등포 디카시 공모전 입선
제7회 경남고성국제한글 디카시 공모전 우수상
제9회 이병주하동국제문학제 디카시 공모전 우수상
제6회 한국디카시경시대회 1등 작품상

〈저서〉
문학고을 선집 6집 ~ 17선집 공저
『시향』『향촌의 사계』공저

도둑 외 1편

누가 그랬는가
뿌리째 삶을 짓밟고
결마다 새긴 시간까지 베어냈다
피 대신 향이 흐르고
숲은 아직 침묵 중이다

이제성

숲에 걸린 십자가

누군가의 무너짐을
묵묵히 품은 나무
쓰러진 생을 가만히 안은
숲 한가운데
조용히 세워진 십자가 하나

이제성

이제성 시인

충북 보은 출생
방송통신대학교 법학과 졸업
방송통신대학교 중어중문학과 졸업
공무원 정년퇴직
문학고을 신인문학상 수상
문학고을 등단 디카시 부문

문학고을 시선

문학고을시선 01 문학고을시선 02 문학고을시선 03 문학고을시선 04 문학고을시선 05

문학고을시선 06 문학고을시선 07 문학고을시선 08 문학고을시선 09 문학고을시선 10

문학고을시선 11 문학고을시선 12 문학고을시선 13 문학고을시선 14 문학고을시선 15

문학고을시선 16 문학고을시선 17 문학고을시선 18 문학고을시선 19 문학고을시선 20

 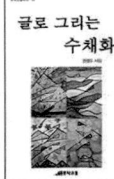    

문학고을시선 21 문학고을시선 22 문학고을시선 23 문학고을시선 24 문학고을시선 25 문학고을시선 26

강원지부 주관
상반기 한마음 워크숍 백일장
수상작

대상 정 우 연
금상 김 주 옥
은상 김 선 규
　　　 김 선 순
동상 김 희 숙
　　　 김 수 진
　　　 주 진 복

대상 이슬 – 정우연 시인(강원지부)
| 디카시 |

| 이슬

함부로 취하지 마라
입 맞춘 당신도 취하고
기댄 나도 취했다

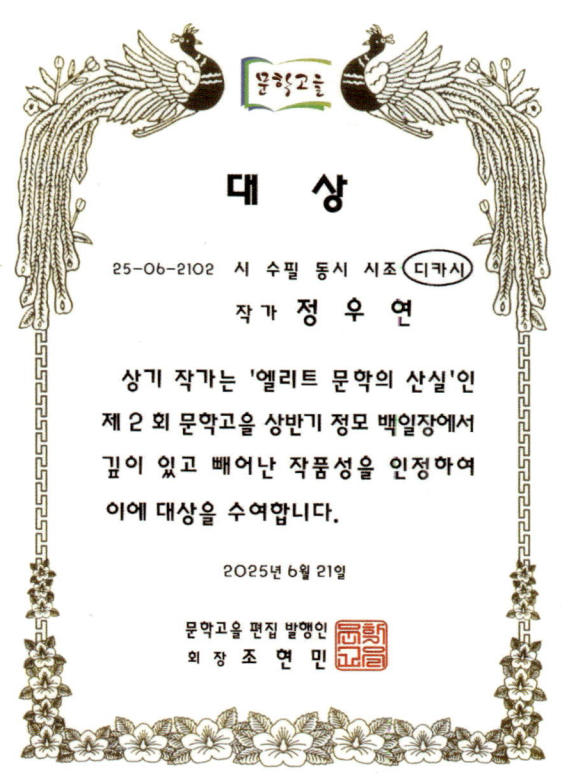

정우연 시인

강원도 원주 출생,
미디어영상학과 중어중문학 전공
시작(詩作) 문학회 활동
현) 한국전력 재직
문학고을 신인문학상 수상
문학고을 등단 시 부문

금상 고향 – 김주옥 시인(호남지부)

고향

김주옥

그리움을 데리고 왔습니다
천 년을 떠돌았을까요

태아에 착상된 흔적 하나
혈관의 세포에 흐르는 강물 따라
여기까지 왔습니다

첫 발자국 딛는 순간부터
느껴지던 아늑한 종족의 냄새

사립문 열어 반기시던
당신의 얼굴은
바로 내 모습이었습니다

벽지 한 장의 꽃무늬로 채색된
다정한 목소리

밤새 울음 울다 그 소리 들으며
눈물 닦는 아이

뼛속 시린 겨울을 건너온 광야에서
밤새 뒤척이던
검은 장미 한 송이

당신의 강물에 닿아 얼굴 붉어집니다

회귀하는 연어의 요람
바로 당신입니다

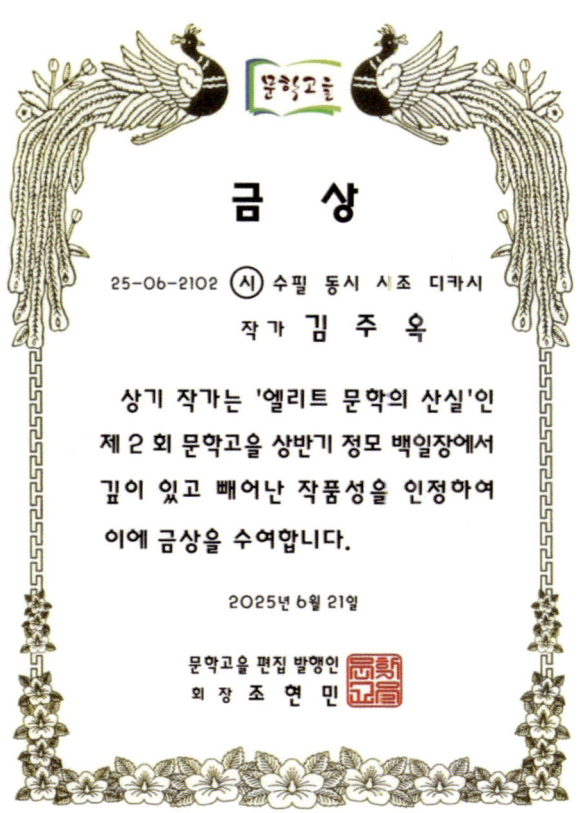

김주옥 시인 수필가 소설가

문학 학사 영어스토리텔링지도사, 언어발달지도사 심리상담사
외상심리상담사 아동심리상담사, 미술심리상담사 베이비플래너
1997년 월간 〈한국시〉 신인상 수상 등단
2009년 〈 國家賞勳人物大典 〉에 등재
2004년 세계문화예술아카데미 세계시인회
제24회 세계시인대회기념 세계시인사전에 등재
2011년 문화공보부 추천도서 〈韓國 詩 大事典〉에 수록. 을지출판공사
2012년 現代 韓國人物史 〈韓國民族精神振興會〉에 수록
2020년 마한문학상 수상, 2021년 문학고을 〈동시부문〉 신인상 수상
2010년 시집 〈아가야, 너의 서른에는 무엇을 보았니〉
2020년 시집 〈아가야, 너의 예순에는 무엇을 만났니〉
2022년 시집 〈 그저 좋은 당신의 시간〉
2022년 제60회 강원예술제 시화전 작품공모
2024년 동시집 〈 '딩동! 축복이 왔어요'〉
2024년 제2회 청목문학상 (작가대상) 수상
현) 문학고을 고문

공저
시집 〈내 생에 한 번 뿐인 사랑〉 〈생명, 그 버거운 무게여〉 외 다수
수필집 〈휘돌아 함께 걷는 길〉외 다수, 문학고을 시선집 다수

간현강 폐역

김선규

녹슨 철길 건너 옛 시간이
뜻 없는 하늘만 넋 놓고 본다

달려오던 아들 부부의 소란도
마른 꽃잎처럼 부서져 있다

나이 든 사내가 찾아들어
처마밑 새 둥지만 기억하는 하루
역 앞 비쩍 마른 나뭇가지에
던지는 사내의 눈길만 허허롭다

다 소용없다
살아보니 알겠더라

허공을 내 딛는 메아리는
갇힌 폐역 대합실 거미줄 아래
빛바랜 사진만 흔들어 댄다

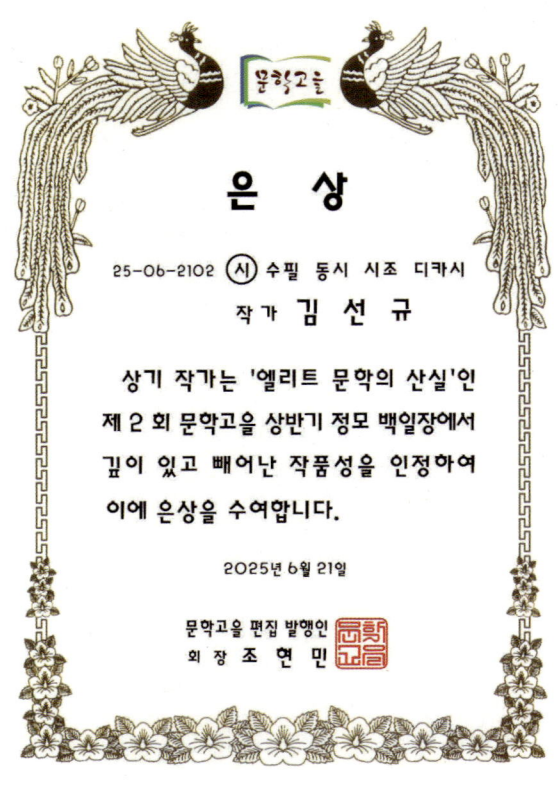

김선규 시인

문학고을 신인문학상
문학고을 주최 제1회 해나루 백일장
은상 수상
원주문인협회 회원
문학고을 강원지부장
문학고을 최우수작가상 수상

유월 연서

김선순

그대가 남긴 것은
피의 자국이 아니라
심장의 뜨거운 문장이었습니다

총성보다 먼저 울던
젊은 숨결 하나하나
금남로의 거리마다 남은 박동

누구는 잊었다 말하고
누구는 침묵을 택하지만
우리는 압니다

그날
하늘조차 붉게 물들었던 순간을
그대는 이 땅을 다시 썼습니다

이 글은 그대에게 띄우는
경의의 연서입니다

다시는 불리지 않아야 할
그러나

영원히 되새길 그 이름
유월의 광주여

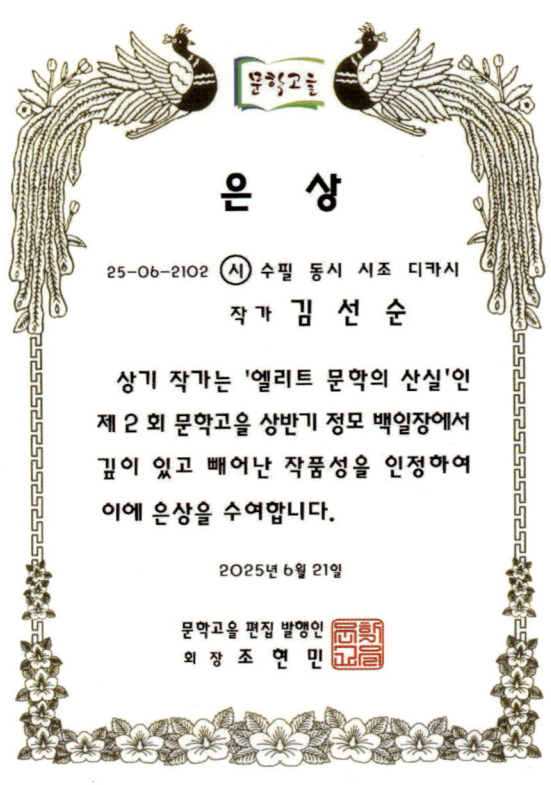

김선순 시인

충남 서천 출생
평택대학교 상담대학원 졸업(독서치료전공)
평택대학교 일반대학원 수료(상담학 전공)
봄봄문학상담연구소 대표
한국시치료학회 이사, 시치료전문가
한국독서치료상담학회 충남지부장, 독서치료전문상담사
현) 문학고을 자문위원, 나루문학회 회장, 달팽이문학회 고문

신성대학교 사회복지학과 심리상담 특강,
평생교육원 독서심리상담전문가 자격과정 진행
길위의 인문학 시치료 강사
시치료, 독서치료를 활용한 개인상담, 집단상담
자서전쓰기, 부모자녀교육, 역량강화 강의 활동

시치료 시집 〈라파트리 움〉, 〈라파트리 결〉 공저 (한국시치료연구소)
시와 이야기 〈오직엄마〉 (도서출판 진포)
문학고을 등단 시 부문
문학고을 최우수작가상 수상
제3회 청목문학상 (작가대상)수상

동상 고향 그리고 겨울 – 김희숙 시인(경기지부장)

고향 그리고 겨울

김희숙

갯골 따라 은빛 얼음골 졸졸 수정체
사이사이 고둥 낮은 포복 숨어들고
갯벌 집채만 한 성엣장 두둥 두둥
바위 틈새 굴 향기 계절을 부른다

내 고향 사라진 추억 속 쪽빛 바다향
처마 끝 비켜가고 살 에이는 바람
비릿한 바다 내음에 취한 고드름
거꾸로 쑥쑥 커간다

흙구덩이 짚 뭉치 안아 움켜쥔 무
입가에 트림 시원한 주전부리
곯은 배고픔 달래고
해루질 돌아오는 엄니 십팔번 노래
동구밖 달려오는 그리운 목소리

포구의 하루 금빛 노을 암벽 윤슬
갯골에 머물듯 해풍은 잠들고
폐선에 몸 실은 꾸벅 조는 갈매기
달빛 비친 침묵의 수평선 기우는데

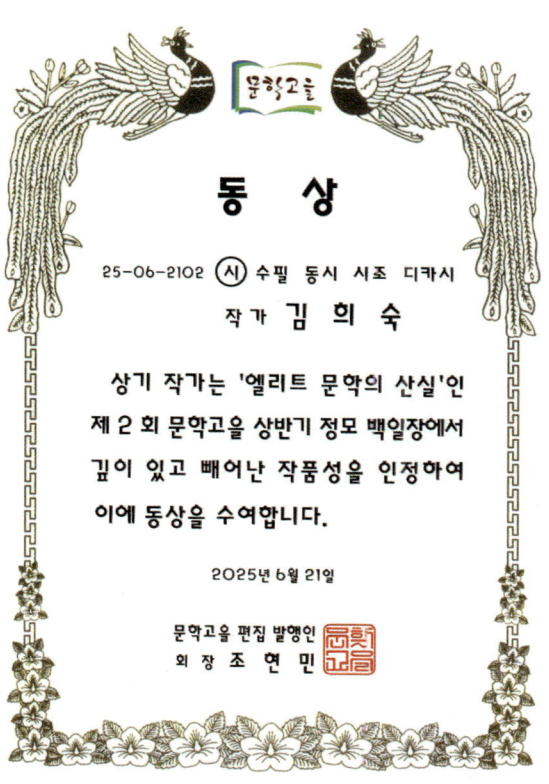

김희숙 시인

1960 경기 안산 출생
요식업
문학고을 신인문학상 수상
문학고을 등단 시 부문
글벗 지기 자문위원
공저
문학고을 시선집 다수
문학고을 우수작가상 수상
현) 문학고을 경기지부 지부장.

| 시조 |

목木의 절규

김수진

푸르른 님의 욕망 한낮의 더위 품어

가까스로 찾아든 사과 한입 베어 물면

차가운 희색 옷가지 속사포로 돌아본다

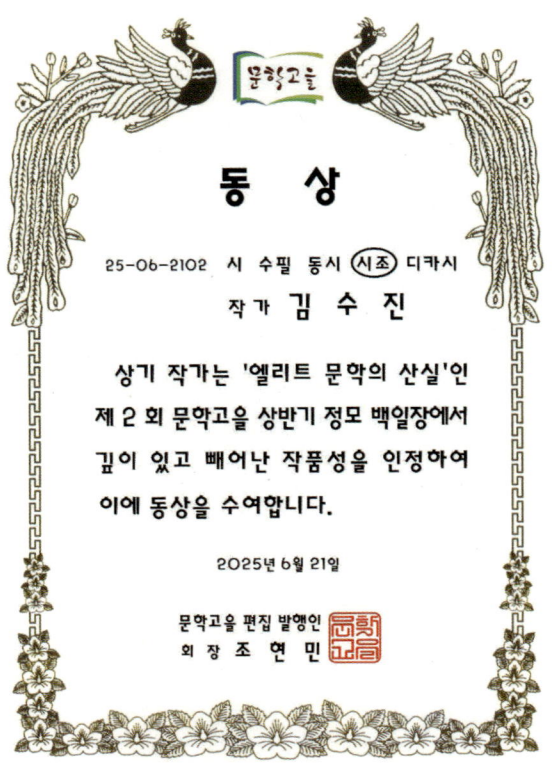

김수진 시인

아호- 국잠
경북 영주 태생
서경대대학원졸업, 미용경영학석사.
미용학과 교수역임, 미용기능장.
문학고을 신인 문학상 수상
문학고을 등단 시 부문
저서-
미용개론, 미용경영학, 임상헤어,
헤어컬러링, 미용사자격증, 속눈썹 미용,
모발과학 등

| 돌고 돌아

끝이 아니었어
과정은 아팠지

삶과 죽음, 그런 거야
선택은 내 몫 아니지
자연의 이치인 걸

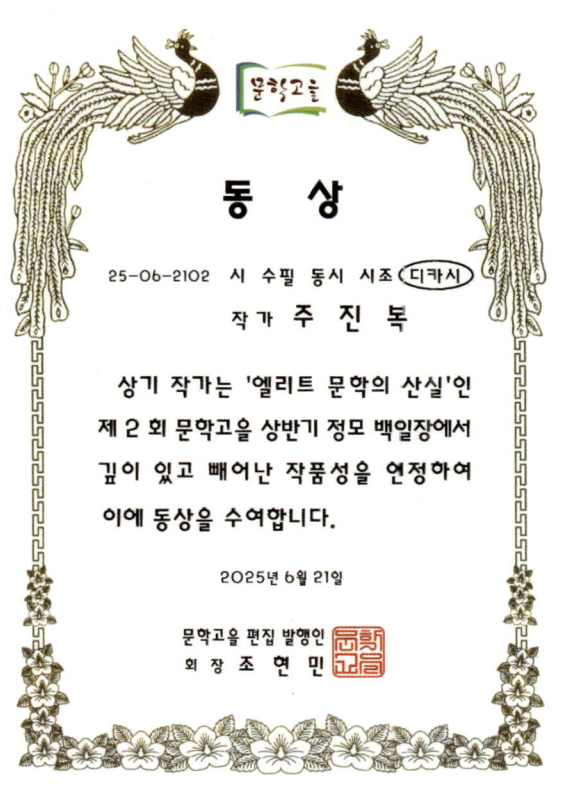

주진복 수필가

대졸 법대 법학 전공
전 양구소방서장, 전 춘천소방서장,
전 강원도소방본부 소방행정과장,
전 강원도소방본부 소방본부장 직무대리,
전 강원도 소방본부 방호구조과장,
전 삼척소방서장
문학고을 신인문학상 수상
문학고을 등단 수필 부문

시론 조현민
디카시론 염혜원
수필론 정혜령
소설론 남기선
인문학산책 김선규
　　　　　 이지선

| 시론 |

시론1)

조현민

정형시조와 현대시조 자유시(현대시)의 변천사

정형시조와 현대시조와 현대시(자유시)는 모두 현대 문학의 한 갈래지만, 형식과 표현 방식에서 뚜렷한 차이가 있다. 아래 기고한 글을 통해 차이점을 정리해 보며 시대적 시의 변천사를 이해할 필요가 있다 하겠다.

시조의 태동은 정형시조로 고려 말에서 조선 초기, 즉 14세기 후반에서 15세기 초에 시작된 것으로 알려져 있고 그렇게 인식하고 있으며 현대시조로 발전 과정을 거쳐 자유시(현대시)로 자리 잡았다는 점을 간과하고 있으며 현대시조는 시조가 아닌 다른 편견과 인식을 시대적 변천사를 통해 새롭게 인지할 필요가 있다 할 것이다.

정형시조란

정형시조定型時調는 우리나라 고유의 대표적인 정형시定型詩로, 일정한 형식과 율격을 갖춘 전통 시가이다.

형식적 특징

3장(초장, 중장, 종장) 6구(句)로 구성됨.
한 수는 보통 45자 내외 (평시조 기준)
각 장은 3~4음보로 이루어지며, 종장의 첫 음보는 반드시 3음절로 고정됨.

기본 구조 예시

초장 – 3 · 4 또는 4 · 4
중장 – 3 · 4 또는 4 · 4
종장 – 3 · 5 또는 4 · 34

대표적인 정형시조 예 1)

양사언

태산이 / 높다 하되
하늘 아래 / 뫼이로다
오르고 / 또 오르면
못 오를 리 / 없건마는
사람이 / 제 아니 오르고
뫼만 높다 / 하더라

대표적인 정형시 예 2)

남구만(약천) 조선 숙종때 문신

동창이 밝았느냐
노고지리 우지진다
소치는 아이는
상기아래 잠을 잔다
아희야 일러라
새벽이 온 줄을 알리라

이 시조는 자연의 정경과 평화로운 농촌의 아침을 노래한 작품으로 널리 알려져 있다.

운율과 형식

정형시조는 3장(초장, 중장, 종장) 구조로, 각 장은 3~4음보로 이루어진다.

대표적 운율은 3·4, 3·4, 3·4, 4·3의 음수율로, 각 장이 일정한 리듬감을 가진다.

남구만의 시조 역시 이러한 전통적인 음수율과 운율을 따르며, 자연스러운 언어와 리듬이 특징.

정형시조의 운율은 반복적이고 규칙적인 리듬을 통해 노래하듯 읽히는 것이 큰 매력이다.

종류

단형 (평시조)

45자 내외의 가장 기본적인 형태

평시조의 대표적 예

3장 6구 45자

정몽주의 '이 몸이 주거 주거'

이 몸이 주거 주거 / 일백 번 고쳐 주거
백골이 진토 되어 / 넋이라도 있고 없고
임 향한 일편단심이야 / 가실 줄이 있으랴

중형 (엇시조)

6구 중 한 구가 길어진 형태

엇시조(엇시조)는 일반 시조와 달리 형식의 자유로움이 더 크고, 감정을 보다 격렬하게 표현하는 시조의 변형된 형태이다. 조선 후기 이후에 많이 등장했으며, 종종 서민적 정서와 비판적 시각을 담고 있다.

대표적인 엇시조의 예로는 다음과 같은 작품이 있다.

이명한 – 엇시조

산은 산이로되 물은 물이 아니로다
흐르는 물이 어이 물이리요
흘러가면 다시 오지 않는 것을
우리네 인생도 또한 그러하니
흘러간 뒤에야 어찌 한탄하리요

〈시평〉
이 작품은 엇시조 특유의 철학적 성찰과 감정의 직설적 표현이 잘 드러나 있다. 엇시조는 보통 다음과 같은 특징이 있다.

형식을 벗어나 자유로운 구성을 가짐.

서민적, 현실적 주제를 다룸.
감정 표현이 격렬하거나 직설적.
운율은 유지하되, 정형률보다는 의미 전달에 집중.

비판을 주제로 한 엇시조

높은 곳에 올라앉아
백성 소리 들으랬더니
귀는 막고 눈은 감고

입만 열어 말을 하네
누가 임금인가
백성인가 말인가

장형 (사설시조)

사설시조는 조선 후기 서민 계층에서 유행한 시조로, 기존 평시조의 엄격한 형식(초장, 중장, 종장 각각의 글자 수 제한)을 벗어나 자유롭게 중장이나 종장이 길어진 형태를 띤다. 주로 입말(구어체)과 대화체로 구성되며, 사회 비판, 풍자, 남녀 간 사랑, 일상의 애환 등 서민의 진솔한 감정과 해학, 풍자적 내용이 담김.
형식적으로는 장시조 또는 장형시조, 파형시조라고도 불린다.

〈작품 예시〉
사설시조는 특별한 제목이 없는 경우가 많고, 저자도 전해지지 않는 경우가 많으나, 대표적으로 다음과 같은 예시가 있다.

사설 시조 예 1) 작자 미상

"이놈아 이놈아, 네가 무슨 놈이냐,
어디서 와서 내 발목을 잡고서
난리 치느냐, 내가 무슨 잘못을 했다고

하늘 아래 어디라도 내 말 못 들을 데 있느냐,
이놈아, 네가 내게 무슨 말을 하려느냐."

(실제 사설시조에서 발췌한 예시적 표현. 실제 전해지는 작품은 중장이 매우 길고 해학적이며, 구어체와 반복, 풍자 등이 특징이다.)

사설시조 예 2)

개를 여라믄이나 기르되
몬 사람을 짖거든
그 개를 몽둥이로 쳐 죽이라 하더라
나도 몬 사람을 짖거든
그 개를 몽둥이로 쳐 죽일까 하노라

사설시조 예 3)

김수장의 작품

갓나희들이 여러 층이오레
저희끼리 모여 앉아
쟁반에 과일 담고
술잔을 돌리며
서로서로 웃고 떠들며
그 속에 나도 끼고 싶구나

이처럼 사설시조는 평시조에 비해 한 장(특히 중장)이 길어지고, 일상적인 언어와 자유로운 내용 전개가 두드러진다.

〈결어〉

정형시조는 3장 6구, 45자 내외의 엄격한 형식과 율격을 갖춘 우리나라 대표적 전통시이다.

초장, 중장, 종장으로 나뉘며, 각 장은 3~4음보로 구성되어 있다.

현대시조, 현대시(자유시)의 구분

형식

전통 시조 형식을 기반으로 하되, 다소 유연함.
형식에 구애받지 않음 (운율, 연·행의 제한 없음)

운율
주로 음수율(3·4조, 4·4조 등)을 따름. 자유로운 운율 또는 무운율.

구조
기본적으로 3장 구조(초장–중장–종장)
연과 행의 수 제한 없음.
전통성: 전통 시조의 미학 계승, 민족 문학의 뿌리를 강조. 개인의 감정, 현실 인식 등을 자유롭게 표현.

내용
윤리적·철학적 성찰이나 일상적 정서 표현이 많음.
시대 현실, 자아 탐색, 사회 비판 등 다양함.

대표 작가
이호우, 조지훈, 이영도 등
김소월, 윤동주, 백석, 고은 등

〈예시 비교〉

현대시조 예 (이호우의 시조)

꽃 피어 산에 들에 봄빛이 넘친다
사람들 마음속에도 따뜻한 봄이 와
서로를 품어 안고 살아가면 좋겠다

자유시 예 (윤동주의 '서시' 중 일부)

죽는 날까지 하늘을 우러러
한 점 부끄럼이 없기를
잎새에 이는 바람에도
나는 괴로워했다

요약

현대시조는 전통적인 틀을 유지하면서 현대적인 내용을 담는 시이다.

자유시는 형식에서 자유로운 시로, 시인의 주관적 감정이나 사회 인식을 자유롭게 표현한다.

[현대시조의 발전 과정]

전통 시조의 뿌리
고려 말~조선 시대에 성행한 고전 시조(황진이, 정철 등)에서 유래.
주로 자연, 충효, 인생에 대한 성찰을 주제로 삼음.

개화기 이후 쇠퇴
19세기 말~20세기 초, 서구 문학의 유입과 함께 시조가 한때 낡은 형식으로 여겨지며 쇠퇴.

1930년대 부흥 (현대시조의 시작)
이병기, 이호우, 조지훈 등 작가들이 시조의 형식을 계승하면서 현대적 감각을 넣어 부활시킴.
전통과 현대의 조화를 추구.

현재
여전히 교육과 문학 현장에서 계승되며, 현대적 주제와 언어로 꾸준히 창작되고 있음.

[자유시(현대시)의 발전 과정]

개화기 시의 태동
1890년대부터 신문 등에 창가, 신체시 등이 실림.
대표작- 이인직, 최남선의 초기 근대시.

자유시의 본격 등장 (1920년대)
김소월, 한용운 등을 중심으로 형식 파괴 + 개인 감정 표현이 강조됨.
1920년대- 자유시가 한국 현대시의 주된 양식으로 자리 잡음.

1930~40년대 현실 참여 시기
윤동주, 이육사, 백석 등 → 일제강점기 현실 반영.
저항시, 민족시의 형태로 발달.

광복 이후 ~ 현대
1950년대 이후 -
전후 문학, 참여시, 순수시, 포스트모던 시 등 다양한 흐름으로 발전.
현재는 실험적 형식, 영상시, 디지털 시까지 등장하며 확장 중.

[결어]

요약 비교

현대시조 및 자유시

기원 고려~조선 전통 시조 개화기 이후

신체시 → 자유시로 발전

부흥 시기

1920년대~1930년대

주요 성격: 전통 계승 + 현대 감각

형식 파괴 + 주관적 감정 표현

발전 방향: 민족 문학으로서 정체성 유지, 형식 보존 노력. 다양한 실험과 표현 방식 확장됨.

[음보와 운율의 차이]

음보音步

음보는 시에서 한 번에 끊어 읽는 소리의 단위, 즉 한 호흡에 읽는 말의 덩어리를 의미한다.

예를 들어, 한 행을 세 번 끊어 읽으면 3음보, 네 번 끊어 읽으면 4음보가 된다.

우리나라 시에서는 3음보(고려가요 등), 4음보(시조 등)가 대표적이다.

운율韻律

운율은 시에서 느껴지는 말의 리듬, 즉 시의 음악적 가락을 뜻한다.

운율은 음보의 반복, 음절 수의 반복(음수율), 음운의 반복(두운·각운 등), 낱말의 반복 등 다양한 방식으로 형성된다.
 즉, 운율은 시의 리듬 전체를 포괄하는 개념이고, 음보는 그 운율을 만드는 한 단위이다.

조현민 시인

열린 동해문학 시 등단 문학상 수상, 법대 법학과 졸업 전) 한림실업,
미지상사 대표, 사) 문학 작가회 회원 대한문인협회 초 우수시 선정,
시 낭송 10여 편 유튜브 소개
제1시집-『아름다운 회상』제2시집-『사랑은 당신처럼』
제3시집-『아침을 걸어가는 여자』제4시집 -『플라워 카페에서』
『시작법(시론 기본서)』편저
『시야 놀자! 수필아 춤추자!』편저
(시론 수필론 기본서)

공저-
시인들의 샘터 문학지, 희망봉광장 전자 문학지,
문학고을 시선집 외 다수
문학고을 출판사 대표
현) 네이버 문학고을 밴드 동아리 및 네이버 카페 리더
현) 문학고을 회장, 문학고을 등단 심사위원

| 디카시론 |

디지털 시대의 감성 언어, 디카시

염혜원

미디어가 바꾸는 예술

예술은 언제나 시대의 '미디어'를 통해 구현된다. 과거에는 시가 노래로 불리며 입에서 입으로 전승되었고, 활자의 시대가 도래하면서 문학은 음성 중심에서 문자 중심으로 이동했다. 오늘날 우리는 디지털 미디어의 시대에 살고 있다. 스마트폰과 인터넷, 카메라와 SNS가 일상 깊숙이 들어오면서 예술의 형식과 내용도 빠르게 변하고 있다. 이러한 변화는 시, 소설, 수필 등 전통적인 문학 장르에도 깊은 영향을 주었고, 그 흐름 속에서 탄생한 새로운 표현 양식이 바로 디카시다.

디카시란 무엇인가?

디카시는 디지털카메라나 스마트폰으로 촬영한 사진에 짧은 언어를 덧붙여 하나의 작품으로 완성하는 새로운 문예 형식이다. 여기에서 언어는 단순한 설명이 아니라, 이미지에 반응하여 순간적인 감정과 정서를 응축한 시적 표현이다. 창시자 이상옥 교수가 2004년 처음 개념화한 이후, 디카시는 국내외에서 다양한 창작과 연구가 이어지며 하나의 문예 운동으로 자리 잡고 있다.

기존의 시가 오랜 사유와 정제된 언어를 통해 구성된다면, 디카시는 이미지와 정서의 직관적 결합을 통해 감각적인 울림을 만들어낸다. 이러한 디카시의 본질은 '순간 포착, 순간 언술, 순간 소통'이라는 창작 원리로 요약된다.

디카시는 왜 짧아야 하는가?

디카시는 짧게 5행 이내로 써야 한다. 이상옥 교수는 "5행도 길다"고 말할 정도로 압축을 중시한다. 이는 디카시가 긴 설명이나 묘사를 위한 장르가 아니라, 찰나의 인상과 감각을 정서로 옮기는 형식이기 때문이다. 그 안에 함축과 상징이 응축되어 있어야 하고, 읽는 사람의 상상력을 자극해야 한다.

짧은 문장은 언어의 밀도를 높이며, 독자에게 더 많은 상상력의 공간을 남긴다. 설명을 줄이고 감정을 함축하며, 상징과 은유를 통해 정서를 전하는 방식은 디카시의 중요한 미학적 지점이다.

1. 디지털 매체에 적합한 형식이기 때문이다.

디카시는 스마트폰, SNS, 웹 등 디지털 환경에서 순간 소통하기 위해 태어난 문학이다. 긴 문장은 화면에 잘려 보이거나 가독성이 떨어지므로, 짧은 언술이 기본이 된다. 5행 이내는 한눈에 들어오는 최소 단위의 시적 구조로, 사진과 함께 감상 될 때 가장 효과적인 길이다.

   2. 이미지와 언어의 균형을 위해서다.
   디카시는 사진과 언어가 화학적으로 융합되는 장르이다.
   사진이 이미 시각적 서사를 제공하므로, 언어는 이를 보완하거나 반전시키는 짧고 함축적인 서정 언술로 구성된다.
   긴 서술은 오히려 사진의 여백을 침해하기에, 5행 안에서 조율하는 것이 미학적으로 적절하다. 창시자 이상옥 교수는 5행도 길다고 말한다.

   3. 순간 포착의 본질을 갖고 있기 때문이다.
   디카시는 일상 속의 한순간을 포착하여 시로 승화하는 예술이다.
   그 '찰나의 미학'은 군더더기 없는 짧은 언어로 구현되어야 하며, 5행이 그 절묘한 경계가 된다. 짧기 때문에 순간의 감정과 직관이 강하게 살아난다.

   4. 시적 여백과 독자의 해석을 위해서다.
   5행 이내의 짧은 시는 함축성과 여운, 그리고 해석의 여백을 남긴다.
   독자는 그 여백 속에서 사진과 시를 연결해 자기만의 의미를 구축하게 된다.

모든 것을 설명하지 않기에 '덜 말할수록 더 보이는 시'가 가능하다.

5. 형식의 통일성과 공정성을 위함이다.

디카시는 현재 많은 공모전과 등단 시스템 속에서 형식의 통일성을 위해 5행 이내를 원칙으로 삼고 있다. 이는 형식 실험보다는 내용의 응축력과 표현의 함축성을 평가하기 위한 공정한 기준이기도 하다.

6. 속도와 감각의 시대에 어울리는 문학이기 때문이다.

오늘날의 독자들은 긴 글보다 짧고 강렬한 언어에 더 민감하게 반응한다.

디카시는 이 시대의 감각적 속도에 부합하는 문학 형식으로, 짧지만, 더 강하게 도달하고, 더 깊게 파고드는 시다.

디카시의 화학작용 - 감정과 감각의 융합

디카시에서 말하는 '화학작용'이란, 사진과 언어가 단순히 병렬적으로 놓이는 것이 아니라 서로를 자극하고 결합해 전혀 새로운 정서와 의미를 생성하는 과정을 말한다. 각각의 요소가 독립적으로는 평범해 보일 수 있지만, 두 요소가 맞닿을 때 예상치 못한 감정의 진폭이 일어난다. 이상옥 교수에 따르면 "디카시의 사진은 그 자체로 사진 예술이 아니다. 디카시의 문자는 그 자체로 시가 아니다. 이 둘이 합쳐져서 완벽한 하나의 텍스트가 된다." 그러므로 디카시는 사진시처럼 사진과 시의 결합이 아니라, 영상 기호와 문자 기호가 순간적인 화학반응을 일으켜 하나의 텍스트를 이루는 장르다. 디카시에서 사진과 문자를 분리할 때 디카시는 의미가 없다. 사진은 말하지 않던 것을 보여주고, 언어는 보이지 않던 것을 느끼게 하며, 둘 사이의 감응을 통해 감정의 여운이 깊어진다. 좋은 디카시는 이 화학작용을 통해 단순한 이미지나 짧은 문장이 아닌, 하나의 살아 있는 예술로 완성된다.

디카시는 어떻게 써야 할까?

디카시는 사진에 글을 덧붙이는 설명적 작업이 아니다. 두 요소가 각자의 역할을 수행하면서도 감각과 정서를 공유하고 융합해야 한다. 사진은 시선을 끌고, 글은 시선 속 감정을 환기시킨다. 중요한 것은 이 둘이 함께 독자의 마음을 두드리는 하나의 장면으로 기능해야 한다는 점이다.

디카시를 쓸 때는 이미지와 언어가 서로를 돕는 상호작용 속에서 감정과 해석의 파장을 만들어야 한다. 언어는 이미지 속 사실을 단순히 반복하는 것이 아니라, 그 이면의 정서를 상징, 은유, 반전 등을 통해 드러내야 한다. 이처럼 디카시는 감정을 포착하고 그것을 짧은 문장 안에 정교하게 응축하는 창작 감각이 필요하다.

디카시는 누구나 쓸 수 있다.

디카시의 가장 큰 매력은 접근성이다. 특별한 문학적 훈련이나 고급 사진 장비가 없어도 된다. 일상에서 누구나 쉽게 시작할 수 있으며, 순간의 감정과 풍경을 포착하는 감수성만 있다면 훌륭한 디카시가 탄생할 수 있다.

하지만 누구나 쓸 수 있다는 점은 곧 누구나 잘 쓸 수 있다는 뜻은 아니다. 짧고 단순한 언어 안에 깊은 의미를 함축하고, 낯익은 이미지에서 새로운 감정을 길어 올리는 능력은 꾸준한 훈련과 감각을 필요로 한다. 매일 한 장의 사진과 한 줄의 언어로 감각을 단련하는 꾸준한 실천은 디카시 작가로 성장하기 위한 중요한 방법이다.

디카시 문예운동 20년의 명암

디카시는 2004년 이론적 기반이 정립된 이래, 20년의 세월 동안 급속히 성장해 왔다. 전국 공모전의 정례화, 학교 교육 과정 편입, 국어 교과서 수록, 전문지 발간, 자격제도 시행 등은 디카시가 하나의 문학 장르로서 제도적 기반을 다졌다는 증거다.

최근 해외에는 미국, 중국, 영국, 독일, 캐나다, 프랑스, 인도, 인도네시아, 베트남, 캄보디아 등에 총 10개국 21개 지부가 디카시 문학의 세계화를 이끌며 활동 중이다.

디카시가 디지털 시대를 대표하는 문학 언어로 자리 잡고 있음을 보여준다.

디카시는 단지 새로운 장르가 아니라, 디지털 문명과

이미지 중심 시대의 접점에서 태어난 살아 있는 문학이다. 짧고 간결하지만, 결코 얕지 않으며 누구나 쓸 수 있지만 잘 쓰기 위해서는 감각과 표현력이 필요하다. 감정이 움트는 순간, 순간 포착과 디카시는 태어난다. 그것은 오늘을 살아가는 우리가 가장 진솔하게 표현할 수 있는 언어 예술이며 일상에서 피어나는 감성의 문학이다.

염혜원 시인

대일외고졸업, 서울예대 졸업
중앙대학교 예술대학원 문예창작전문가과정
중입자치료지원센터코리아 실장

한국디카시인협회 사무차장
문학고을 기획본부장 / 서울지부 지부장
문학고을 등단 심사위원
문학고을 청목 문학상(작가대상)
문학고을 최우수작가상
문학고을 등단 시 부문 신인문학상

제8회 [시와경계] 디카시 신인우수작품상
제1회 영등포 디카시 공모전 입선
제7회 경남고성국제한글 디카시 공모전 우수상
제9회 이병주하동국제문학제 디카시 공모전 우수상
제6회 한국디카시경시대회 1등 작품상
〈저서〉
문학고을 선집 6집 ~ 16선집 공저
『시향』『향촌의 사계』공저
귀로

| 수필론 |

수필론

정혜령

수필隨筆을 잘 쓰기 위해서는 단순한 감정이나 사건의 나열을 넘어서, 자신만의 시선과 수필隨筆을 잘 쓰기 위해서는 단순한 감정이나 사건의 나열을 넘어서, 자신만의 시선과 목소리로 세상을 해석하고 전달하는 힘이 중요합니다.

1. 수필의 본질을 이해하기

수필이란? 수필은 문학적 형식을 빌려 자유롭게 자신의 생각, 감정, 경험, 관찰 등을 표현하는 글입니다. 일기와는 달리, 수필은 타인에게 읽히는 것을 전제로 합니다. 따라서 단순한 자기 고백을 넘어서 공감을 유도하는 관점, 감성, 통찰이 필요합니다. 수필은 개인적인 이야기로 출발하지만, 보편적인 울림으로 귀결되어야 합니다.

2. 관찰자이자 성찰자 되기

사소한 일상에서 의미를 읽어내는 감각을 길러야 합니다.
자신의 감정이나 사건을 곧바로 말로 옮기지 말고, 한 걸음 떨어져 바라보며 그 의미를 되짚어보세요.

· 진정성 있게 말하기
수필에서 가장 중요한 것은 진정성입니다. 꾸며낸 감정보다 정직한 혼잣말이 독자의 마음을 더 움직입니다.
과장하거나 현학적인 말투는 오히려 거리감을 줍니다.

· 타인의 시선을 의식하되, 얽매이지 않기
'누군가에게 보여주기 위한 글'이라는 의식은 필요합니다. 그러나 자기 목소리를 잃지 않아야 진짜 수필이 됩니다.

3. 수필의 구성 요소와 쓰는 법

1) 도입부 – 일상의 작은 출발점
· 질문, 단상, 기억, 풍경, 냄새, 계절 등 감각적인 장면 하나로 시작해보세요.
· 인위적인 시작보다, 자연스럽고 말하듯이 접근하는 것이 좋습니다.
예: "어제 아침, 우유를 따르다 손에 쏟았다. 이상하게도 그 순간 문득 떠오른 건 중학교 시절의 어느 겨울이었

다."

2) 전개 – 경험을 서술하고 의미를 확장
 · 자신의 경험, 생각, 기억 등을 천천히 풀어내며, 그 속의 감정과 질문을 녹여냅니다.
 · 비유, 대조, 회상, 상상 등을 통해 이야기를 풍성하게 만들 수 있습니다.
 · 너무 빠르게 결론으로 가지 말고, 느긋하게 사유를 펼쳐보세요.

3) 결말 – 조용하지만 울림 있는 정리
 · 수필의 결말은 명확한 결론이기보다는, 생각할 여운을 남기는 것이 이상적입니다.
 · 되새김, 반복, 질문, 혹은 이미지로 마무리하는 것도 좋습니다.
 예: "나는 오늘도 우유를 조금 흘린다. 어쩌면 우리는 늘 조금씩 엎질러지며 살아가는지도 모른다."

4. 수필을 빛나게 만드는 구체적인 기술감각적인 묘사

 · 오감을 사용해 구체적으로 씁니다. 독자가 머리로 이해하는 것보다, 몸으로 느끼게 하는 글이 훨씬 강력합니다.
 "햇빛이 유리창을 뚫고 들어와 식탁 위 사과 껍질을 미세하게 흔들었다."

· 상징과 비유
직접적인 말보다, 상징을 통한 우회적인 감정 표현이 더 깊은 인상을 줍니다.
"그날 나는 우산을 챙기지 않았다. 하늘도 나도, 비가 조금 필요했는지도 모른다."

· 독자와 대화하는 어투
수필은 논문이 아니라 대화에 가깝습니다. 말하듯이 쓰고, 때로는 질문도 던져보세요.
"당신은 어떤 소리를 들으면 어릴 적 방이 떠오르나요?"

· 시간의 흐름을 조절하기
회상을 자연스럽게 끌어들이되, 현재와 과거를 오가며 중심을 흐리지 않도록 주의해야 합니다.

· 시제 통일과 전환 지점의 명확성이 중요합니다.

5. 좋은 수필을 쓰기 위한 습관들

· 자주 읽기: 좋은 수필 읽기
피천득, 이효석, 법정, 김훈, 황현산, 윤대녕, 나태주 등의 수필을 많이 읽어보세요.
- 타인의 문장에서 자신만의 시선을 배우게 됩니다.
- 메모하기

떠오르는 단상이나 이미지는 그때그때 적어두세요.
- 수필은 기억이 아니라 발견의 기록입니다.
- 자주 써보기

글은 써야 느는 법입니다. 하루에 10분이라도, 그날 있었던 일을 하나의 주제나 감정에 집중해서 써보세요

6. 수필의 주제를 잡는 팁수필의 주제는 거창할 필요가 없습니다.

오히려 작은 것에서 출발해 큰 울림을 만드는 것이 진정한 수필입니다. 아래는 수필 주제 예시입니다:
- 구겨진 손수건에서 생각난 할머니
- 비 오는 날의 커피향
- 버스 안에서 마주친 낯선 사람의 눈빛
- 첫 월급날 어머니의 문자
- 헌 책방에서 만난 어린 시절

정리: 수필 잘 쓰는 10가지 핵심

- 자신의 목소리로 진솔하게 쓴다.
- 일상에서 작지만 독특한 출발점을 잡는다.

- 감정에만 의존하지 않고 성찰을 동반한다.
- 추억보다 통찰을, 고백보다 공유를 추구한다.
- 말하듯, 자연스럽게 쓴다.
- 감각적이고 구체적인 묘사를 활용한다.
- 비유와 상징으로 울림을 확장한다.
- 결말은 가볍게, 그러나 여운 있게.
- 좋은 수필을 많이 읽고, 자주 쓴다.
- 작은 이야기를 통해 큰 마음을 전달한다.

정혜령 시인, 수필가

서울 출생
월간 시사문단 수필 등단
문학고을 수필 등단
한국시사문단 작가협회 회원
북한강문학제 추진위원
제17회 빈여백동인문학상 수상
제19회 풀잎문학상 대상 수상
제1회 청목문학상 (작가대상) 수상
'봄의 손짓' 공저 '문학고을' 공저
수필 다수가 신문과 문예지에 게재되었다.
저서
에세이집 '행복이라는 주파수에 달콤해지는 인생'
현) '문학고을' 수필 심사위원 및 수석 고문

| 소설론 |

1. 소설 누구나 쓸 수 있다?

남기선

1) 개요

현대인들은 전 국민 소설 쓰기 시대에 살고 있다. 인터넷 항해를 하다 보면 시인이 넘쳐나고 소설 쓰기 카페가 성업 중이다. 웹소설을 비롯하여 취미로 쓰는 소설들 대부분 전통적인 소설 작법 따위는 무시해 버리고 신명대로 써 버린다. 그래서 오히려 전통적인 소설 작법에 입각하여 쓴 소설들이 귀한 대접을 받는 아이러니한 현상이 벌어지고 있다. 이왕 소설을 쓸 바에는 문학사에 길이 남을 만한 소설 쓰기에 도전해 보자.

2) 소설이란 무엇인가?

시가 그러하듯 소설도 정확하게 1+1=2 식으로 명확하게 정의를 내릴 수는 없다. 통념적으로 소설에 대한 정의를 내린다면 '소설은 삶의 한 부분에 작가적 상상력을 허

구적인 것을 사실처럼 써서 미적 통일화한 문학이다.'

 여기서 허구적인 것은 공상이 아니다. 현실에서 있을 법한 (일어날 수도 있는) 거짓말을 말한다.

 소설은 서사문학의 발전 과정에서 가장 나중에 나타난 장르이다. 소설이 출현하기 이전에는 소설의 선조라 불릴수 있는 다른 양식들이 있었다. 즉, 신화, 전설, 민담 등 구어로 소통이 된 장르들이다.

 소설은 우선 '이야기'라는 기본적 요소를 지니고 있다. 지금도 흔히 소설을 '스토리'라 하고, 단편을 'short story', 전기적인 장편을 'roman'이라 하는데 이것은 모두 '이야기'를 뜻한다.

 소설은 인생의 표현이요, 인간성의 탐구로서 보는 태도가 있다. 장편을 뜻하는 'novel'이라는 말이 'new'의 뜻을 가진 이탈리아어 'novella'와 라티어 'novellus'에서 나왔는데, 그것은 소설이 새로운 이야기, 즉 인간에 대한 새로운 탐구요, 표현임을 뜻한다.

 사전적으로 정의를 하자면, 소설은 작가가 상상력과 구상력에 의해서 창조해 낸 가공적인 허구의 세계가 허구의 세계에서 현실적인 인물이나 사건의 전개를 통해서 통일성 있게 구성하여 진실한 이야기인 것처럼 그리는 산문문학의 한가지이다.

소설은 시, 수필, 희곡, 평론 등과 함께 문학의 5대 장르의 하나이다. 이것은 고대의 전설, 서사시, 중세의 설화 등의 계보를 이어받아 근대에 발달하고 19세기에 완성된 리얼리즘 소설의 개념에 가까운 정의이다.

이론적인 배경을 더나서 실기론 적으로 '소설은 거짓말이다. 거짓말이되 있을법한 거짓말이다' 라고 생각하면 쉽다.

어떻게 거짓말을 하느냐? 작가의 경험에 상상력을 동원한 허구를 덧붙여서 거짓말을 하면 된다.

3) 소설의 특징

소설의 특징은 거짓말로 꾸며진 세계라는 점이다. 소설을 영어로 픽션 'fiction' 이라고 하기도 하는데, 픽션이란 곧 가공적인 야기, 허구의 세계를 뜻하는 것이다. 그냥 허구적인 이야기로 끝나는 것이 아니다. 허구에는 반드시 필연성과 보편성이 개입되어 있어야 한다. 무질서의 세계가 아니라 새롭게 꾸며진 세계이어야 한다는 것이다.

그러기 위해서는 개연성이 있어야 하며 서사문학이라는 점이다. 문학이 주장하는 교훈성과 예술성도 있어야 하며 현실을 반영한다는 개념으로 모방이론 등이 특징이다.

가, 허구성

소설에서 말하는 허구의 의미는 사전적인 의미의 허구虛構와 뜻은 같으나 그 궤를 달리한다.

사전적인 의미의 허구는 사실이 아닌 것을 사실처럼 위장함이나 소설에서 말하는 허구는 있을 법한 거짓말이다.

소설은 일차적으로 현실에서 벌어지는 사건에 작가의 사상과 상상을 접목하여 허구의 세계를 창조한다.

현실 생활을 모방하기는 하되 창조적이고 개성적인 상상력의 여과과정을 거치게 된다. 이 상상력의 여과를 통해서 소설의 사건이나, 인물, 배경 등은 허구적인 속성(허구성 fiction)을 띠게 된다.

소설에서 허구는 현실을 반영한다. 현실은 우연성과 개별성에 의해 지배가 되지만 현실 세계이기 때문에 수

용된다.

예컨대, 하루아침에 한강대교가 무너지고 상상도 못할 끔찍한 현실이 벌어져도 현실이라서 수용할 수밖에 없다는 것이다. 소설의 허구는 현실 속에서 끔찍한 사고가 나려면 필연성이 유지되어야 하고 상상이나 공상이 아닌 보편성이 개입되어 있어야 한다.

나. 진실성

소설은 사실에 근거를 두고 있지만, 결코 현실은 아니다. 작가의 주관적 상상을 바탕으로 창조한 허구의 세계이다. 허구의 세계이기는 하지만, 이해 불가능한 세계가 아니고 현실을 모방하고 있다.

현실을 모방한다는 것은 허구를 진실인 것처럼 엮어 나가야 한다는 것이다. 현실에서는 허구이지만 작가가 만들어 놓은 '허구의 세상'에서는 진실해야 한다는 것이다.

이른바 현실의 하루하루가 진실인 것처럼 허구의 세계도 진실하지 않으면 안 된다. 허구의 세계가 진실하지 않으면 소설 전형이 무너질 수밖에 없어서 작가는 등장인물의 삶을 진실하게 만들어 왔다.

소설에서 필연성은 진실을 이어 나가는데 매우 유용하게 사용되고 있다. 필연적인 것은 리얼리티reallity가 있는 진실이다. 리얼리티는 소설 속에서 인과 관계를 사실적으로 엮어주고 질서를 형성해 주는 역할을 한다.

소설에서 보편적으로 지향하는 진리 혹은 진실은
1) 소설 작품의 문맥적 의미의 축적
2) 삶과 세계에 대한 의미화 작용
3) 작가나 독자의 주관적 인식을 통해 구체화 될 수 있는 것 등으로 결론지을 수 있다.

다. 산문 형식

소설은 율문律文에 비해 '덜' 비유적比喩的이자 '더' 서술적인 양식이다.

소설이 산문을 표현양식으로 택한 이유는 복잡한 사상과 감정을 표현하는 데에 알맞은 형식이며 현실을 있는 그대로 보려는 자연주의적 경향 때문이다. 이러한 근대 사회의 산문화 요구에 부응하여 탄생 된 것이 근대 소설이다.

근대 사회는 자연 과학적인 합리성, 사실성, 실증성을 중시한다. 그리하여 근대문학과 지적인 표현, 사실적인 표현을 요구하게 되었다. 이러한 요구에 알맞은 형식이 바로 산문이다.

근대 소설은 사회의 복잡한 사상이나 감정, 흥미 까지도 그대로 반영하지 않을 수 없다.

그러기 위해서는 좀 더 평이하며 동시에 유기적有機的인 표현 방식을 선택하지 않을 수 없게 되었다. 산문 양식을 택하게 된 이유이다.

라. 소설은 이야기다.

소설은 '이야기'라는 기본적 요소를 지니고 있다. 지금도 흔히 '스토리'라 하고, 단편을 'short story',라하고, 전기적인 장편을 'roman'이라 하는데 모두 '이야기'를 뜻한다.

소설은 인생의 표현이요 인간성의 탐구로서 보는 태도가 있다. 장편을 뜻하는 'novel'이라는 말이 'new'의 뜻을 가진 이탈리아어 'novella'와 라티어 'novellus'에서 나왔다. 그것은 소설이 새로운 이야기, 즉, 인간에 대한 새로운 탐구요, 표현임을 뜻한다.

소설은 한마디로 거짓말이라는 형식으로 통한다. 영어

로 소설을 'fiction'이라고 하는데 픽션이란, 곧 가공적인 이야기, 허구의 세계를 뜻한다.

이 둘의 견해를 종합해 보면, '소설이란 인생의 진실을 허구적으로 표현하는 산문적인 문학 양식'이라 정의할 수 있다.

2. 시작이 반이다.

1) 소설을 쓴다는 생각을 갖고 써야 한다.

소설을 처음 쓰는 데 있어서 막연히 소설을 쓰겠다는 생각 만 가지고 쓰면 안 된다. '나는 지금 소설을 쓰고 있다'라는 자기 최면을 걸고 써야 소설이 써 진다. 아무 생각 없이 막연히 소설을 쓰겠다고 덤벼들면 쉽게 포기할 수가 있다.

두 번째는 소설 쓰는 재미에 빠져들지 못해서 진도가 나가지 않는다. 소설을 쓰는 재미는 작가가 '소설의 세계'에 빠져들어서 창조주와 같은 역할을 하는 것이다.

세 번째로 소설을 쓰고 있다는 생각으로 쓰지 않으면 주관적으로 쓰면 소설이 아니라 자서전이 될 수 있다.

2) 무작정 시작하라

소설 쓰기를 할 때 일반적인 소설 작법에 의거하여 장황하게 구성하고 쓰는 경우가 많다.

소설 줄거리를 만들고 구성하는 것과 실제로 본문 쓰기에 돌입해서 쓰는 것과는 많은 차이점이 있다. 구성은 소설 작법에서 제시해 주는 대로 따라서 하기만 하면 된다. 본문은 이야기를 만들어 가는 과정이어서 처음 쓰는 경우에는 심적 부담이 매우 크다.

즉흥적 글쓰기는 소설의 플롯을 무시하거나 대충 쓰는 방법이다. 플롯은 소설의 뼈대와 같으며 건축의 설계도와 같다. 설계도를 무시하고 쓰는 방법이 즉흥적 글쓰기다. 플롯을 염두에 두지 않고 쓰는 것이 훨씬 심적 부담이 적다.

3) 시작이 좋아야 결과도 좋다.

소설 쓰기 전에 작가가 되겠다는 생각으로 쓰는 것이 훨씬 효과적으로 진행이 된다. 그냥 무조건 쓰기 시작하더라도 작가가 되겠다는 생각으로 쓰게 되면 소설적인 필체가 나오지만, 무작정 써 보겠단 생각으로 달려들면 일기체나 기행 문체가 나올 수도 있다.

남기선 소설가, 수필가

1958년 인천 출생
중앙대학교 사회개발대학원 행정학석사
중앙대학교 국제경영대학원 경영학석사
2022년 7월 문학고을 수필 당선
2023년 5월 월간 시사문단 단편소설 《 代 》 당선
2024년 제19호 봄의손짓 빈여백동인문학지 단편소설 《 등대 》 당선
한국문학창작진흥원 교수
빈여백 동인, 한국시사문단작가협회 회원, 한국소설가협회 회원
한국문인협회 회원, 문예창작실기지도사 1급
을지대학교 겸임교수, 연세대 산학협력단, 서울시 인재개발원 강사, 월드로 마켓 대표

〈수상〉
문학고을 문학상(수필), 월간 시사문단 문학상(소설)
제 4회 청목문학상(작가대상), 제19회 빈여백동인문학상
서울시장 직무유공 표창, 정부우수공무원 국무총리 표창
〈저서〉《소설 카름》 한국문인협회 (공저)
문학고을 10선집~ 15선집 (공저)
월간 시사문단 2023. 2월호~ 5월호 (공저)
봄의 손짓 빈여백동인지 제19호 (공저)
현) 문학고을 부회장 / 수석고문/ 등단 심사위원

| 인문학 산책

「인공지능의 펜촉 앞에 선 문학 ― AI 시대의 문학과 인간성」

담현 김선규

21세기 중반, 문학은 기술과 동행하기 시작했다. 아니, 더 정확히 말하자면 문학은 기술에 말을 걸기 시작했다. GPT, Claude, Gemini와 같은 거대 언어 모델(Large Language Model)은 시를 쓰고, 소설을 쓰며, 작가의 스타일을 흉내 내는 것을 넘어서 이제는 독자와의 대화마저 가능해졌다. 이 거대한 변화 앞에서 전통적 문학은 갈림길에 서 있다.

AI(생성형 인공지능)의 등장으로 인간이 오랫동안 독점해 온 '창작'이라는 특권에 균열이 생겼다. 우리가 여태까지 알고 있던 문학의 생태계에서 작가, 독자, 텍스트의 삼각구도는 새로운 참여자, 곧 AI의 개입으로 그 구조적 변화를 겪고 있다. 하지만 이 변화는 단순한 기술 도입이 아니다. 그것은 문학이 무엇인지, 작가란 누구인지를 다시 묻게 만드는 '철학적 도전'이다.

문학은 인류의 가장 오래된 사유 도구이며, 인간 존재

를 언어로 기록해온 행위였다. 그런데 이제, 인간이 아닌 존재가 이 일을 수행하려 한다. 이 질문은 결코 단순한 호기심이 아니다. 그것은 "문학이란 무엇인가"라는 질문을 다시 꺼내 들게 한다.

문학의 기술화, 창작의 대중화

AI는 '쓰기'를 더 이상 특정 계층의 전유물이 아닌, 누구나 가능하고 접근할 수 있는 행위로 변화시켰다. 과거에는 작가가 사유와 독서, 실존적 고통 속에서 언어를 빚었다. 그러나 이제 누구나 AI를 통해 '시를 쓸 수 있고', '소설을 쓸 수 있고', '작가 흉내를 낼 수 있다'. 이는 창작의 대중화라는 측면에서 긍정적인 측면도 있다.

실제로 AI를 통해 글을 쓰는 초보자들은 스스로의 언어에 자신감을 얻게 되고, 장르적 실험 또한 다양화되었다. 팬픽, 게임소설, 웹소설, SNS형 소설 등 현대 문학의 변두리에서 일어나는 창작 흐름은 AI의 도움으로 더 넓고 빠르게 확산되고 있다.

여기에 더해, AI는 문학의 양적 생산력도 폭발적으로 키웠다. 하루에도 셀 수 없이 기하급수적으로 AI 창작물이 인터넷에 업로드되며, 일부는 인간의 작품과 구별하기 어려울 정도다. 예컨대 일본에서는 가볍게 읽을 수 있는 소설이라는 뜻의 라이트노벨(라노벨)의 부문에서 AI가 작성한 작품들이 상업적으로 출판되기도 했으며, 몇몇 작품은 독자 투표에서 인간 작가를 제치기도 했다.

그러나 이러한 변화는 동시에 몇 가지 심각한 의문을 제기한다. 창작이 쉬워졌다는 것은 작품의 '가치'가 흔들릴 수 있다는 뜻이기도 하다. 수많은 텍스트가 양산되는 시대, 독자는 어떤 기준으로 감동하고, 감별하고, 몰입할 수 있는가? AI가 만든 문장은 감동의 깊이나 삶의 진실을 얼마나 품을 수 있는가?

진정성의 위기, 존재론적 문학의 재구성

이 지점에서 우리는 문학의 본질을 다시 물어야 한다. 문학은 '문장 생성'이 아니라 '의미 생성'이다. 단어를 배열하는 기술이 아니라, 인간 존재를 투영하는 의식의 결이다. AI가 아무리 인간의 언어를 학습하고 통계적으로 예측된 단어를 연결한다 해도, 삶을 살아본 자만이 알 수 있는 고통, 사랑, 후회, 희망을 가질 수는 없다. 우리는 시를 읽을 때 단지 리듬과 수사를 즐기는 것이 아니라, 삶을 살아낸 자의 '목소리'를 듣는 것이다. 여기서 AI는 본질적인 한계에 직면한다.

AI는 '경험하지 않으며', '고통받지 않으며', '인격을 가지지 않기' 때문이다. 따라서 그것이 쓴 문장은 상징과 구조는 정교할지언정, 존재의 결핍을 내면화하지 못한다. 이러한 문제의식은 문학 내부에서 새로운 실험으로 이어지고 있다. 작가들은 AI의 보조를 받으면서도, 오히려 더 깊이 '인간적' 감성을 추구하거나, AI와의 협업 속에서 자신의 문체와 정체성을 더 선명히 부각시키는 전략을 택한다. 문학은 다시금 '왜 쓰는가'에 대한 존재론적 질문으로 되돌아가고 있다.

또한 비평과 독자의 역할도 달라진다. 이제 독자는 단지 수용자가 아니라, 텍스트의 진위, 정체, 감성을 감별해내는 '해석의 행위자'로서의 자각을 필요로 한다. 인간이 쓴 문장을 알아보는 감식안, AI의 흔적을 구별하는 해석력은 비평과 독서의 새로운 덕목이 되었다.

인간성의 재발견, 공존하는 문학의 가능성

그렇다면 우리는 AI와 문학이 공존하는 시대에 어떤 문학을 꿈꾸어야 할까? 기술에 저항하는 순수문학만이 유일한 해답일까? 아니면 AI와의 협업을 통한 하이브리드 문학이 미래인가?

답은 양자택일이 아니다. 우리가 가야 할 길은 공존과 재발견이다. AI는 창작의 보조자, 실험의 도구, 가능성의 촉진제로 기능할 수 있다. 그러나 궁극적으로 문학은 '인간성'을 복원하고 사유하는 장이어야 한다. 시대가 디지털로 흘러갈수록, 문학은 인간의 정체성, 관계, 감정, 고뇌를 더 깊이 탐색해야 한다.

미래의 문학은 기술을 넘어, '무엇을 이야기할 것인가', '어떻게 사람의 마음에 닿을 것인가'라는 본질적 질문에 충실해야 한다.

AI는 문장을 만들 수 있지만, '고백'은 할 수 없다.
AI는 정보를 엮을 수 있지만, '기억'은 할 수 없다.
AI는 시를 쓸 수 있지만, '인간의 영혼을 울리는 언어'는 인간만이 쓸 수 있다.

AI 시대의 문학은 인간을 폐기하는 것이 아니라, 인간을 더 깊이 발견하는 거울이 되어야 한다. 문학은 기술 속에서 더욱 인간적이 되어야 한다. 그것이 우리가 AI 시대에도 여전히 문학을 읽고, 쓰고, 사랑해야 하는 이유다.

문학은 죽지 않았다. 오히려 질문은 더욱 깊어졌고, 도전은 더욱 창의적이 되었다. 우리는 이제 단지 무엇을 쓸 것인가보다 어떻게 살아갈 것인가를 묻는 문학 속으로 들어가야 한다.

문학은 결국 '왜 쓰는가'를 묻는 예술이다. AI는 '쓸 수는' 있어도, '살아본 적은 없다'. 기계는 인간처럼 절망하지 않으며, 누군가를 그리워하지 않는다. 그럼에도 AI의 문장력이 인간의 상상력을 자극할 수 있다면, 그것은 도구로서의 역할에 충실한 것이다. 우리가 지켜야 할 것은 문학의 형식이 아니라 문학의 본질이다. 문학은 인간의 고통을 언어화하는 예술이며, 감정의 통로이자 존재의 기록이다. AI는 이 과정에서 인간 작가의 도구가 될 수는 있어도, 그 자리를 완전히 대체할 수는 없다.

  미래의 문학은 어떻게 변화할까? 우리는 '인간성의 회복'을 주제로 더 많은 문학을 쓰게 될 것이다. 기술이 더해질수록, 오히려 우리는 더 인간적인 문장을 원하게 된다. 공감, 감동, 존재의 흔적은 단순한 패턴이나 데이터에서 나올 수 없는 고유한 감성이다. 인공지능은 문학의 죽음을 알리는 존재가 아니다. 오히려 문학이 무엇을 지켜야 하는지를 역설적으로 일깨우는 존재다. AI는 문장을 만들지만, 인간은 이야기를 만든다. 기술의 시대에도 우리는 여전히 삶을 쓰고, 기억을 새기고, 감정을 나누며 살아간다. 인공지능의 펜촉 아래에서도, 진짜 시는 여전히 사람의 마음으로부터 시작된다. 그것이 바로 AI 시대에도 문학이 존재해야 하는 이유다.

담현:澹弦 김선규 시인

중앙대학교 예술대학원 산업디자인학과 석사 졸업
인덕대학교 디지털산업디자인학과 겸임교수
LG전자(주) 디자인경영센터 책임연구원
대한민국 디자인전람회 초대디자이너 및 심사위원
대한민국 우수디자인 심사위원, 문학고을 총괄본부장, 문학고을 등단 심사위원
한국강사교육진흥원 수석위원, 한국미래융합연구원 회원

〈주요수상〉
제3회 문학고을 청목문학상 (작가대상), 2024. 박경리 디카시 공모전 장려상
제2회 시사사불교 신춘문예 우수상 (디카시 부문)
제9회 한국디카시 경시대회 1등 작품상. 2023. 대한·민국 디자인대상 대통령상
2023. 문학고을 신인문학상, 시 부문 등단
2022. 대한민국 100인 대상 산업디자인부문 우수대상
2019. 대한민국 우수디자인 대통령상 (롤러블 TV 디자인)
2011. 대한민국 우수디자인 대통령상 (냉장고 디자인)

〈저서〉
'내 안에 꽃으로 핀 그대' (윤보영 시인학교 10인 공저 시집)
'문학고을 선집' 제9집~17집 (공저 종합문예지), '발견은 기쁨이다 2'(공저)
'서울시 고등학교 제품디자인 교과서' (공저)

| 인문학 산책

동일성 너머, 생성의 문턱에서
들뢰즈의 차이 철학과 현대예술(문학)의 고유성에 대하여

이지선

20세기의 서사는 폐허 위에서 다시 쓰였다. 두 번의 세계대전, 급속한 산업화, 이데올로기의 붕괴 속에서 예술은 과거의 이상과 규범을 더 이상 반복할 수 없다는 절실함에 도달했고 그로부터 벗어나려는 실천으로 나아갔다. 이러한 흐름 속에서 문학과 예술은 전통적 미학, 재현, 형식을 해체하고, 고유한 존재 방식과 언어를 스스로 발명해 내는 방향으로 자신을 갱신해 나갔다.

그 비평적 지평에서 프랑스 철학자 질 들뢰즈(Gilles Deleuze)의 사유는 결정적인 전환점이 된다. 들뢰즈는 『차이와 반복』(1968)에서 서구 형이상학의 근본 구조인 '동일성 중심의 사유'를 비판하고 그에 반하여 차이(difference)를 존재 생성의 원리로 제시한다. 이때의 차이는 비교적 차이가 아니라, 기준 없는 차이, 생성의 차이, 즉 고유성의 철학이다.

문학과 예술, '차이'의 감각으로 다시 태어나다

문학은 오랜 시간 동안 세계를 재현하는 언어의 예술이었다. 인간과 세계, 자아와 타자, 주체와 대상이라는 대립 구도 안에서 이야기는 구축되었고 언어는 사유의 질서에 종속되었다. 그러나 20세기 중후반 이후 작가들은 더 이상 이야기를 '쓰는 것'이 아니라, 언어 자체를 '질문하는' 방식으로 접근하기 시작했다.

사뮈엘 베케트의 침묵과 반복, 로브그리예의 해체된 서사, 보르헤스의 메타픽션은 모두 들뢰즈적 차이의 미학, 즉 언어가 자기 자신으로부터 이탈하고 생성되는 자리를 탐문한다. 이는 예술이 더 이상 '무엇을 말하는가'가 아니라, '어떻게 다르게 존재할 수 있는가'를 묻는 전환이다. 이처럼 들뢰즈의 차이는 문학 안에서도 재현의 해체와 생성의 미학, 고정된 주체로부터의 탈주로 나타난다.

차이의 존재론과 현대예술의 고유성

들뢰즈는 차이를 단순한 다양성이나 특수성의 문제로 환원하지 않는다. 그는 존재 그 자체를 동일한 것의 반복이 아닌 차이의 반복, 곧 자기 내적 생성의 운동으로 본다. 어떤 것이 고유하다는 것은 그것이 어떤 원형에서 파

생된 것이 아니라, 자기만의 리듬, 감각, 구조를 만들어 내는 차이의 운동 속에 있다는 뜻이다.

이는 현대 예술의 경향과 정확히 맞닿아 있다. 개념미술, 설치미술, 퍼포먼스, 미디어 아트, 실험 문학 등 현대 예술의 다양한 실천들은 기존 예술 문법의 해체를 전제로 하며, 작품 그 자체가 하나의 '되기(becoming)'가 된다. 더 이상 완결된 의미를 지시하거나 통일된 형식을 따르지 않으며, 작품은 스스로 의미를 생성하는 생성 기계로 기능한다.

마르셀 뒤샹의 레디메이드, 요셉 보이스의 사회조각, 나보코프의 미로 같은 서사, 보들레르 이후 모더니즘의 단절의 언어까지—이 모든 흐름은 들뢰즈가 말한 '차이의 긍정'이라는 개념으로 묶을 수 있다. 고유성은 비교나 기준에 의한 '다름'이 아니라, 그 자체로 자기 원리 속에서 생성되는 삶의 형식인 것이다.

되기의 예술, 흐름의 문학

들뢰즈는 철학과 예술을 구분하지 않는다. 그에게 철학은 개념을 만들고, 예술은 감각을 창조하며, 과학은 함수를 구성한다. 이들은 각기 다른 방식으로 존재를 사유하고 감각하고 구성하는 서로 다른 언어 체계다. 그리고 예술은 언제나 존재를 다르게 존재하게 만드는 실천, 즉 되기(becoming)의 운동에 참여한다.

현대 문학이 보여주는 파편화된 시점, 다층적 서사, 비규범적 문체는 '나'라는 동일성의 해체이며, '언어'라는 재현 체계의 탈 코드화다. 여기에는 들뢰즈가 과타리와 함께 말했던 '욕망의 흐름', '기계적 생성', '리좀'적 사유 방식이 고스란히 반영되어 있다.

고유성은 존재 방식의 혁명이다

결국, 들뢰즈의 차이 철학은 현대 예술이 지향하는 고유성의 존재론적 기반이다. 고유성이란 단순히 '새로운 스타일'이나 '기발한 아이디어'가 아니라, 동일성으로부터의 단절, 재현의 거부, 그리고 생성의 수용이다. 예술은 더 이상 무엇인가를 말하거나 보여주는 것이 아니라, 그 자체로 새로운 방식으로 존재하는 사건이 된다.

우리는 지금도 여전히 문학과 예술을 통해 묻는다. "무엇이 예술인가"라는 질문 대신, "예술은 어떻게 고유하게 생성되는가"라는 물음을. 그 질문에 시인은 이제 대답해야 한다. 나의 시 세계와 나의 예술은 어떻게 생성되었나를. 그리고 그 물음의 바닥에는 들뢰즈가 남긴 철학적 유산, 차이와 반복의 깊은 리듬이 잠들어 있다.

이지선 시인

2022 문학고을 신인문학상 시부분
2022 문학고을 최우수상
2022 〈모퉁이가 있다〉 시집 출간
2023 부평구문화재단 시소 입주 작가 (창작부분)
2023 연희동 문학창작촌 12월 입주 작가
2023 〈내 마음이 지옥 같아서〉 시집 출간
2023 인천시 신진예술인 시 부분 선정
2024 문학고을 청목문학상 (작가대상) 수상
현) 문학고을 등단 심사위원
〈저서〉
2024년 신작 환타지 소설 '서점마계' 출간

명수필

신경희
정혜령

| 명수필 | 제9회 항공 문학상 우수상

밥 주잖아요

신경희

　며느리는 승무원이다. 결혼 전부터 다니던 직장으로 출산 휴가를 마치고 복직하면서부터 아들 집을 오가며 손녀를 보아주고 있는데 아기가 처음 얼마간은 엄마를 떨어지지 않으려고 울기도 하는 등 분리불안 증세가 있었지만 TV 상담 프로그램에서 엄마가 꼭 다시 온다는 약속에 익숙해지면 분리불안이 없어진다기에 비행 나갈 때마다 꼭 안아주며 몇 밤 자고 온다는 것과 선물을 사 온다는 것을 알려 주고 몇 번 그렇게 하는 동안 차츰 우는 횟수가 줄어들기 시작했다.
　그래도 어린이집을 다닐 때는 엄마가 보고 싶다고 우는 날이 있어 선생님의 전화를 받기도 했지만 유치원에 다니면서부터는 부쩍 줄었고, 가르쳐준 적은 없는데 어른들이 주고받는 말을 듣고 알게 된 것인지 엄마는 승무원이라고 말하길래 승무원이 무엇 하는 사람인가 물으니 '비행기 타는 사람'이라고 한다.
　그래서 요새는 며느리가 비행을 나가면 세계 지도를 보면서 어디를 갔는지 우리나라로부터 얼마큼 떨어져 있는 곳인지, 엄마가 있는 곳이 낮인지 밤인지를 알려 주면서 페이스 톡으로 얼굴을 보고 대화를 나눌 수 있어 3박 4일 길게는 4박 5일의 일정도 편하게 다녀오고 있다.

이렇게 손녀가 이해한 비행기를 타는 엄마가 하는 일에 대해 구체적으로 알려 주고 싶은 마음에 '엄마는 비행기에서 무슨 일을 하지?' 하고 물었다. 물어보는 속마음은 승무원에 대한 멋스러움과 여행객을 위해 일하는 자랑스러움을 이해시켜주려는 의도였는데 질문을 던지자 바로 "비행기에서 밥 주잖아요" 한다. 생각할 겨를도 없이 그대로 나오는 답변 '엄마는 밥 주는 사람'

맞다. 승무원은 밥을 준다. 아직 어리지만 몇 번 해외여행을 통해 엄마와 같은 옷을 입고 일하는 승무원들을 보면서 스스로 터득한 엄마가 하는 일은 '밥 주는 사람'이었기에 며칠 뒤 아침에 갔다가 저녁에 오는 날, 집 나서는 엄마에게 '엄마 오늘은 밥만 주고 오는 거지?' 하고 물어본다. 며느리 출근 뒤 너도 이다음에 커서 승무원 할 거냐고 물었더니 처음에는 밥 주는 거 힘들어서 하기 싫다고 하다가 그래도 비행기 밥은 맛있으니까 엄마 같은 승무원이 되면 좋을 것 같다고 한다.

왜 싫다고 했다가 다시 좋다고 할까를 생각해 보니 아이가 말하는 '밥'은 단순히 밥이라는 명사형이 아니라 비행기 여행 중 배고플 때쯤 나오는 맛있는 식사를 의미하는 것으로, 지루한 여행 중에 먹는 기내식은 어른들에게도 행복을 주기에 기내식이 먹고 싶어 비행기를 타고 싶다는 사람이 있는 것을 보면 '엄마처럼 밥 주는 사람'이 되고 싶다는 말에는 어린 소견이기는 해도 엄마가 하는 일이 쉽지는 않지만 나도 비행기에서 다른 사람들에게 먹는 맛난 음식을 주는 사람이 되고 싶다는 말이니 내 엄마는 밥 주는 사람 곧 '행복을 주는 사람'이라는 최상의 칭찬인 것이다.

승무원 교육 과정을 잘은 모르지만 며느리를 보면서 승무원들이 받을 교육을 상상해 보면 비행 중 생길 수 있는 위험 요인에 대한 순발력을 겸한 담력과 판단력, 갑질하는 승객을 대처하는 인내심과 성실성 등의 기본적인 소양에서 자신의 업무에 대한 자긍심과 주어진 임무에 대한 책임감이 요구될 것이기에.

삶 속에서 급박하게 닥쳐오는 어려움에도 평소에 배우고 익힌 교육과 철학이 인생의 여정에서 발휘될 것이라 단정한 용모와 환한 웃음의 겉모습보다 고운 얼굴만큼 예쁜 마음과 사려 깊은 행동과 가족들을 위해 노력하는 자세가 자랑스럽다.

남들은 잘 해줘 봤자 며느리는 며느리일 뿐이라고 하면서 내 눈에 며느리 콩깍지가 끼었다고 하지만 며느리는 집에서뿐 아니라 어디를 가든, 누구에게든 한결같은 마음으로 대하기에 친척들 모임 후에 어른들께 인사를 드리면 며느리 칭찬을 잘하신다.

가끔씩 아들이 회사 승무원 칭찬 게시글에 며느리 이름

이 오른 것을 보여주는데 어린아이 동반 승객이 힘들지 않게 편의를 봐주었다거나 상냥하고 최선을 다하는 서비스에 기분 좋은 여행을 할 수 있었다는 내용 등으로 보아 부정적인 의미로 사용되는 '집에서 새는 바가지 들에서도 샌다' 라는 말을 '집에서 잘하는 며느리가 나가서도 잘한다' 는 말로 바꾸어 본다.

며칠 전 며느리가 10년 근속패를 받아왔다.
결혼 전에는 혼자 몸이었지만 결혼 후 육아와 병행하며 비행을 간다는 것이 쉽지 않은 일로 더구나 새벽에 나가는 날도 많고 또 밤새 비행하고 들어와서 나와 교대를 하고 나면 곧바로 아이를 돌봐야 하는 일이 힘겨울 텐데도 "괜찮아요"라고 하면서 힘든 내색 없이 늘 밝은 모습으로 지내 온 시간들이 고맙고 대견하다.
근속 패를 받은 이튿날 며느리는 3박 4일의 장거리 비행을 가고 손녀에게 엄마가 회사 다닌 지 10년이 되었으며 십 년은 네가 태어나기 전부터 다닌 무척 긴 시간이라는 것과 힘든데도 너를 이렇게 이쁘게 자라게 해주는 고마운 엄마지 그래서 회사에서 저렇게 상을 주는 것이라며 근속패를 보여주었더니 '우와' 하면서 자기도 엄마한테 주어야겠다면서 색종이 몇 장을 구겨서 꽃을 만들고는 넓은 종이에 인제 배우기 시작한 한글로 "엄마 추카해. 사랑해"를 썼다.

드디어 며느리가 밤새 장시간 비행에서 들어오는 날, 책상 위에 만들어 두었던 꽃과 종이를 들고 현관으로 달려가 내밀며 엄마 품에 안기자 "고마워" 하면서 아이를 꼭 껴안는 며느리 눈에 눈물이 글썽인다. 10시간 넘는 비행에 만석이었단다. 딸이 주는 선물로 피로가 가시고 힘든 여정이 위로받는 듯한데, 글썽이는 눈을 모른 척해가며 집에 갈 채비를 하는 마음이 영 짠하다.

마음 같아서는 잠시 더 있으면서 옷을 갈아입고 씻는 동안이라도 아이를 보아주고 싶지만 또 한편으로는 시부모가 있으면 아무래도 편하지는 않을 것 같아 얼른 인수인계를 하고 나왔다. 늘 이렇게 며느리가 들어오면 바로 가는 것이 생활화되었고 이제는 어쩌다 사흘 쉬는 날이 될 때 가족들이 한데 모여 식사도 하고 밀린 대화도 나누는 일상에 익숙해졌다.

"항공기 승무원은 좌석 상태 점검과 좌석 안내, 구급약·비상용 장치의 확인 및 승객에게 주의 사항을 전달하여 승객의 안전을 꾀하고, 필요한 안내 방송과 음식물 등 각종 서비스를 제공하여 승객의 편의를 도모하는 일을 담당한다."[네이버 지식백과]고 하지만 이런 일반적인 안내 뒤에는 항상 기쁜 마음에서 나오는 진실된 웃음으로 자신의 일에 만족하며 승객을 위해 최선을 다하려는 의지가 있어야 하기에 가정에서의 협조 또한 중요할 것이다.

그러려면 승무원 며느리와 시어머니 둘의 조화가 잘 이

루어져야 하는데 조화는 어느 하나만 잘한다고 되는 것이 아니라 상호 문제이므로 손녀가 7살이 되도록 육아와 직장생활 두 가지를 모두 잘해 나가고 있는 내 며느리에게 높은 평점을 준다.

여러 일 중에서도 사람을 상대하는 일이 가장 힘든 일이라는데 아무리 직업이라지만 적은 수의 승무원들이 몇 백 명 승객을 위해 최선을 다해 행하는 일들에 작은 고마움이라도 가질 수 있는 따뜻한 마음을 가진 여행객들이 많아지길 바라면서 이 글을 통해 며느리에게 고마운 마음, 사랑의 인사를 전한다.

청곡 신경희 시인, 수필가

*약력
서울 출생. 숙명여자대학교 사학과, 중등 교사 역임
*등단
문학고을 시, 수필 / 강원 문협 시조 / 브런치 작가
*수상
문학고을 신인문학상.문학고을 최우수 작가상 청목상 (작가대상) 수상
제8회 보령해변시인학교 전국 문학작품 공모전 은상
제9회 항공 문학상 수필 최우수상
제20회 장애인 문예 글짓기 최우수상
제61-62회 강원 예술제 강원 사랑 시화전 우수 동상
제5회 경북이야기 보따리 수기 공모전
제8회 전국 여성 문학 대전 시 부문 최우수상
제3회 디카시조 문학상 겨울 공모전 단장시조 장원...외
*저서
시세이 〈오메어쩔까〉
동인지 〈문학고을 시선집 1-17집 ; 오월에 피는 꽃; 삼행시 꽃 피었습니다.
　　　　강원 문단 ; 강원문학 ... 외〉
*활동
문학고을 자문 수석고문 현) 부회장
강원 문협회원

| 명수필 |

가슴에 스미는 한 모금

정혜령

비가 내리는 풍경과 그 풍경에 기대어 마시는 커피 한 잔은 떼려야 뗄 수 없는 느긋한 여유와 정서적 습관의 하이라이트이다.

언젠가부터 어디든 한 집 건너 하나씩 커피전문점이 자리를 차지하고 있다. 우리의 대한민국이 커피 공화국이라고도 한다. 아침에 출근하는 직장인들을 보면 대부분의 사람은, 손에 테이크아웃 커피를 하나씩 들고 활기차게 걷는 모습이 보편화되어 있다. 영화 속 뉴요커들도 아침마다 손에 테이크아웃 커피를 들고 출근을 한다. 뉴욕의 흔한 아침 풍경이다. 그러나 그것이 이제는 지구 반대편에 있는 국토는 좁으나 국력은 으세해진 대한민국의 흔한 아침 풍경이 되었다.

일행들과 운동을 하고 그곳에서 그리 멀지 않은 강릉에 가게 됐다. 일찍이 커피로 유명하다는 안목항의 커피 거리는 이미 가 보았었다. 거리가 온통 디저트 카페이고 커피집인 커피 거리. 젊은 사람들의 활기로 그 바로 앞 바닷가의 갈매기도 신나서 끼룩끼룩 울어대는 곳이다.

커피의 역사가 쭉 나열되어 있는 박물관이 있고 큰 카페가 있다는 강릉의 외곽으로 우리 일행은 비가 추적임에도 거침없이 발길을 향했다. 서운하지만 그 어떤 연유로 인해 박물관은 폐쇄되어 있었고 비가 꽤 내림에도 불구하고 사람들은 삼삼오오 우산을 쓰고 카페 안으로 꾸역꾸역 들어가고 있었다. 우리도 그 행렬의 끝자락에서 건물 안으로 발길을 옮겼다. 입구 초입에는 붉은 벽돌의 건물이 있었는데 그 벽을 타고 오르는, 비에 젖은 연초록 담쟁이넝쿨과 붉은 벽돌의 색의 조화가 성능 좋은 티비로 보는 것처럼 비현실적으로 싱그러워서 연신 카메라를 눌러댔다. 들어서니 진한 커피 향이 훅하고 코끝에 전해진다.

무슨 사람들이 그리 많은지. 카페라기보다는 커피를 생산해 내는 공장 같다. 은행도 아닌데 번호표를 뽑고 한참을 기다려서야 주문한 커피를 받을 수 있었다. 그 많은 사람 사이에 섞여서 주문하고 기다리고 하는 과정이 보통 일이 아니다. 괜히 왔나 하는 생각도 들었지만 유명한 카페의 커피도 마셔봐야 할 것 아닌가 하는 오기가 발동하기도 했다. 나는 대단한 커피 마니아는 아니지만 아침에 마시는 한 잔의 커피에서 행복을 느끼는 사람 중의 하나이다. 생각의 집중이 되지 않을 때에는 반짝하며 집중하는 힘을 주기도 하고 코와 입으로 느끼는 향과 맛은 기분을 좋게 만든다.

 그 옛날 다디단 커피를 즐겨 드셨던 나의 아버지는 애들이 커피를 마시면 키가 크지 않는다 하시며 가까이 오지도 못하게 하셨다. 가끔 설탕을 듬뿍 넣어 아주 단 그 커피를 한 모금 정도는 맛보게도 하셨는데 얼마나 달고 맛있던지. 어린 가슴에 흠뻑 스미는 한 모금이었다.
 그것이 내 인생의 잊을 수 없는 커피 맛이 아니었나 싶다. 언젠가 커피는 '악마의 유혹'이라는 광고 카피를 본 적이 있었는데 그렇게 적절한 표현이 또 있을까. 지금은 달짝지근한 커피보다는 아메리카노라 일컫는 원두커피를 즐겨 마시지만 가끔은 적당한 단맛이 있는 라떼도 즐긴다. 그 누구보다 카페인에 예민해서 오후에 마시는 커피는 온 밤을 뒤척이며 불면에 시달리게 한다. 그럼에도 더러는 늦은 오후 커피의 유혹을 뿌리칠 수가 없다. 그런 사람들을 위하여 디카페인이라는 카페인이 없는 커피가 나온 모양이다.

 이 공장 같은 큰 카페의 커피는 일반적인 커피 기계로 추출하는 방식이 아닌 일일이 바리스타가 직접 드립하는 커피라 그런지 맛과 향이 그윽하다. 커피의 귀족이라 불리는 블루마운틴의 시큼한 맛이 들어가 있다. 우리 일행은 비 내리는 장면이 수채화처럼 통유리창으로 흘러내리는 것을 보며, 커피의 여유를 즐기리라 기대하며 들어왔다. 그런 우리 생각과 달리 여름휴가의 막바지라 그런지 수많은 사람과 그들의 알지 못할 사연들로 복닥이는 그곳은 갖가지 소음의 집합소이다. 어수선하고 산만하여 우리는 커피를 들고 밖으로 나왔다. 앞에는 잡화점 같은 상점이 하나 있었는데 잠시 구경하다 손바닥만 한 작은 커피나무를 하나씩 사들고 나왔다. 새 잎사귀가 참새의 혀 마냥 앙증맞고 초록이 반들반들 반짝이는 그 나무를 잘 키워봐야겠다는 생각이 든다.

생활 방식과 식생활, 기호 식품 등이 점차 선진화되어 가고 있다. 얼마 전에는 우리나라가 선진국의 대열로 들어갔다는 내용의 뉴스를 봤다. 부지런하고 급한 성향 그대로 빠르고 눈부신 발전을 했다. 눈으로도 따라잡지 못할 정도로 어제와 오늘이 판이한 급성장이다. 순발력 있는 젊은 청춘들이야 모든 새로운 것을 받아들이는 능력이 탁월하지만, 더디고 아직 아날로그적 사고가 가득한 중년 이상의 인생들은 따라가기가 녹록치 않다. 몇 년 전까지만 해도 커피전문점에서 막힘없이 커피 주문할 수 있는 사람은 시대를 맞춰가는 세련된 사람이라는 우리 세대의 우스갯소리도 있었다. 하지만 지금은 옛말이다.

커피는 노곤한 생각을 쉬어가게 하는 휴식이 있고 여

유가 있다. 새로운 사고의 확장을 쉽게 하기도 한다. 더러는 풀리지 않는 생각의 실타래들이 술술 풀리게도 한다. 카페인의 힘 아닐까 싶지만 좋은 사람들과 함께하는 즐거운 대화가 있는 커피가 참 좋다. 그 한 잔에서 나는 삶의 다양한 생각과 바람직한 다짐들을 이끌어내고는 한다.

 비 오는 날 실내에 향 좋은 커피를 포트에 내리며 좋아하는 책 한 권을 본다는 것, 거기에 좋은 음악이 있다면, 세상 다 가진 자의 넉넉한 미소가 나올 법하다.

정혜령 시인, 수필가

서울 출생
국문학 전공
월간 시사문단 시, 수필 등단
문학고을 수필 등단
한국시사문단작가협회 회원
한국예술인 복지재단 예술인 작가
북한강문학제 추진위원
제17회 빈여백동인문학상 수상
제19회 풀잎문학상 수상
수필집 - '모든 순간이 다 좋았어' 공저
제17호 '봄의 손짓' 공저
제1회 청목 문학상 수상
문학고을 시선집 다수 공저
에세이집 -
'행복이라는 주파수에 달콤해지는 인생'
현) 문학고을 등단 심사위원

신작시

강영란	신기순
고영재	신현경
권기영	안귀숙
김경곤	안찬호
김미선	염여명
김순선	오향숙
김순호	윤강용
김영련	이군호
김영진	이세미
김영철	이세종
김영현	이윤지
김 용	이윤호
김정은	이지선
김현경	이현숙
김희숙	임성환
나중식	임영신
도정우	임정숙
류영형	정석호
박위업	정선녀
박진수	조민교
방성욱	최근용
서기선	최해영
손예하	함영칠
송혜선	

마음 청소 외 2편

강영란

마음이 지저분한 날
어떻게 하지?
나의 비법은
말씀과 기도!
마음 구석구석
말씀으로 밝히고
잘못한 일
상처받은 일
실수했던 일
욕심부렸던 일
하나하나 찾아
기도로 닦고 씻으면
어느새
영혼육에
향기가 피어나고
기쁨이 가득해지지.

엄마의 손

땀을 흘려야
열매 맺는 곳
새벽부터
땅만 바라보는 곳
그곳에
엄마의 손이 있다.
흙 묻고 뭉툭한,
닳고 닳은 그 손.

우리 반 아이들

우리 반 아이들은 들꽃

준이는 자세히 보아야 멋진 토끼풀
경이는 방울방울 맺히는 은방울꽃
율이는 반짝이는 마음을 맺는 산부추
성이는 활짝 미소를 피울 때 주위를 밝히는 참꽃마리
별이는 어디에서나 반짝이는 별꽃
윤이는 자신을 환히 드러내지 않는 애기나리
승은 노란 미소가 가득한 금새우난
유는 뽐내지 않지만, 귀티 나는 삼잎국화
현이는 가시를 갖고 있지만 부드러운 순백의 찔레나무
올이는 모래땅이나 산기슭에서 부드럽고 섬세한 꽃을 피우는 해당화
소이는 환한 진달래
홍이는 높은 산지에서 자라는 금강초롱
하는 수수하지만 들을 환하게 밝히는 자운영
원이는 똑 부러지고 당당한 멋진 엉겅퀴
민이는 연하지만 나름의 줏대가 있는 솜다리
솔이는 흠을 찾기 힘든, 우아하고 경이로운 노루귀
환이는 언제나 환한 미소가 가득한 개미취.

얼굴도 성품도 제각각이지만
모두 향기 나는 꽃
교실을 넘어 세상을 피어나게 하는
생명.

강영란 시인, 수필가

순천대 영어교육과
목포대 대학원 석사(국어교육), 광주교육대 대학원 석사(초등국어교육)
교육부장관 표창(2019년)
광주대 문예창작학과 박사 졸업
문학고을 신인문학상 동시 및 수필 부문 수상 및 등단
제4회 청목문학상(동시 부문) 수상.
'문학고을 선집' 제10집~17집 (종합문예지) 참여.
현재 초등학교 교사

아버지의 미소 외 2편

고영재

아버지의 목소리는 늘 강했지만,
그 안에는 언제나 부드러움이 숨어있었다.

어머니와 싸우던 날,
두 사람의 대화는 가시처럼 날카로웠지만,
그 속에는 변함없는 그리움이 숨어있었다.

아버지의 눈은 화가 나도,
어머니의 손길을 기다렸다.

입술이 굳어지면,
그의 마음도 조금씩 움츠러들었지만,
어머니의 한숨 소리에
다시 따뜻한 손을 내밀곤 했다.

싸움이 지나면,
아버지는 언제나 조용히 먼저 일어나,
미소를 지으며 다가갔다.

"미안하다, 사랑한다."
그 한마디에

어머니의 얼굴은 환하게 빛났다.

두 사람의 싸움은
어떤 약속처럼 반복되었지만,
그 안에서 사랑이 늘 자랐다.

어머니의 눈물이 마르면,
아버지의 손길이 그 자리를 채웠고,
두 사람은 다시 손을 맞잡았다.

그렇게 우리는
싸움과 화해 속에서 자라났다.

아버지의 인자한 미소는,
언제나 다툼 뒤에 찾아오는
평화와 사랑의 신호였다.

어머니의 힘

두 번의 대수술,
그 고통 속에서도
어머니는 웃음을 잃지 않으셨다.

고된 몸을 이끌고
여전히 가게를 열고,
우리에게 희망의 빛을 비추셨다.

휜 등은 하루하루
어머니를 더 힘들게 했지만,
그 고통을 묵묵히 삼키며
어머니는 다시 일어서셨다.

힘든 순간에도
장사는 쉬지 않으셨다.
"이게 내가 할 수 있는 일이야."
어머니는 그렇게 말하며,
어깨를 움켜잡고
또다시 그 자리에 서셨다.

몸은 약해졌지만,
그 의지는 여전히 강하셨다.

손끝에서 느껴지는
묵직한 삶의 짐,
그럼에도 불구하고
어머니는 결코 멈추지 않으셨다.

우리의 앞날을 위해,
어머니는 오늘도
불편한 몸을 이끌고,
험한 세상을 살아가신다.

대수술과 휜 등 속에서
어머니는 그 어떤 장애물도,
넘어설 수 있음을 보여주셨다.

어머니의 위대한 힘 속에서,
우리는 진정한 삶의 가치를 배운다.

나의 버킷리스트

내 마음속에는 작은 꿈들이 모여있다.
그것은 먼 미래의 큰 목표가 아니라,
매일 한 걸음씩 나아갈 수 있는
작고 소박한 바람들이다.
어디론가 떠나
세상의 끝자락을 보고 싶다.

푸른 바다를 바라보며
내 마음속 깊은 곳까지
차분하게 정리될 수 있도록
시간을 멈추고 싶다.

누군가에게 진심을 담아
사랑을 고백하고,
가장 소중한 사람에게
감사의 말을 전하고 싶다.

작은 일 하나에도
그 순간을 소중히 여기고,
내가 걸어온 길을 돌아보며

매일 조금씩 성장하는 내가 되고 싶다.

버킷리스트에 실린 작은 꿈들을
내 삶의 일부로 안고,
풍요와 기대로 가득 찬
내일을 열어가고 싶다.

고영재(高榮在) 시인 長老

아호 -아솔 (峨帥)
경상도 지리산 밑 咸陽에서 태어나 벌써 古稀를 바라보는 삶의 旅程을 보냈다.
경남대 교육대학원 국어교육학과와
서남대 대학원 국문학과 박사과정을 수료하고,
육군 기갑장교로 군복무를 마쳤다.
중·고등학교 국어교사로 아이들을 가르치다 퇴임 후
대한예수교 장로회 구하리교회 협동장로로 주님을 섬기면서,
제약회사 상임고문으로 일하고 있다.
무엇을 어떻게 詩로 쓰는지는 중요하지 않고,
가족과 더불어 詩를 노래하는 것이야말로 주님이 주시는
최고의 축복이며, 힐링이라고 여긴다.
문학고을 시부문 신인문학상으로 등단했다.

꽃빛 외 2편

권기영

꽃에 이름을 지어준 사람은 누구일까요?
아마도 외로운 이가 만들었을 겁니다.
다정하게 부르고 싶지만
염려하는 눈빛 보내고 싶지만
그럴 수 없어 그 마음자리에 피운
꽃은 다 알고 있답니다.

꽃말 만든 사람은 누구일까요?
아마도 전하지 못한 마음 있었나 봅니다.
세상에 있는 아름다운 말 모아서
꽃에 잘 간직해 줘 맡긴 사람의
끝내 전하지 못한 그 마음 간직한
꽃은 차마 빛으로 말한답니다.

동생

이렇게 예쁜 아기가 세상에 또 있을까?
조심스러워 살살 만져본 너의 볼, 손, 발

새근새근 잠자는 아가는 별보다 더 조용한데
자다 깨서 울던 널 따라 나도 울었지

딱지 접어 발로 쿵쿵 한 박스 만들어 준 날
한 시간 안 되어 다 잃고 돌아온 너

잃어도 괜찮아. 져도 별일 아니야 그치?
오십 되어 가는 지금도 마찬가지란다

방학 내내 시골서 동생이 보고 싶어
어른들이 주신 사탕, 동전 다락에 모았던

누나는 아직도 그런 마음인데 그치?
내가 늙어도 네가 늙는 건 싫더구나

어미 새 마음

배고픈 어미 새 먹이 물어와
아가 새 주둥이에 넣어줄 때

이 아이 줄 때 저 아이 불쌍코
다음 아이 줄 때 또 저 아이 불쌍해

온종일 마음 아픈 채
날이 저물도록 연한 날개 파닥이며

내 배고픈 건 뒤로 하고
불쌍한 아가 새 주둥이에만

짚신 장수와 우산 장수를 둔 어미
그 눈물하고 똑 닮은 어미 새 눈물이

아가 새를 키우겠지
사랑으로 커가겠지

권기영 시인

교육학사. 문학사. 상담심리학 석사
현재 숭실대학교 일반대학원 평생교육학과
박사과정 중
(주)아이북랜드 독서.논술교사 5년간 재직 (2007-2012)
현재 경험플러스연구소 대표
퍼실리테이터
그림책심리지도 사범
장애인 대상 전문교육강사
사회복지사2급, 평생교육사 2급
문학고을 신인문학상 수상
문학고을 등단 시 부문

탐관오리 貪官汚吏 외 2편

김경곤

시궁창에 노닐어야 할 오리들
하중도 닭장에서 호사를 누리고…
주인의 피골이 맞닿는 줄도 모르고
오히려 주인을 쪼아대는 닭대가리들

소작대화小作大禍

어린 불씨 하나가 불의 혀를 만들고
지나간 자리에 검은 배설물만 남긴다

반갑지 않은 불청객은 수많은 혀를 복제하고
장소를 불문하고 미친 듯이 붙인다

매캐하게 진동하는 냄새와 검붉게 토하는 불기둥에
화들짝 놀란 하늘이 오줌이라도 누면 좋으련만…

세 벌의 옷

입소식 때 부모님이 입혀 준 배냇저고리 한 벌
평상시에 자신이 입는 작업복 한 벌
환송식 때 자녀들이 입혀 줄 잠옷 한 벌

벗어 놓은 헌 옷은 당신의 과거요
당신이 지금 입고 있는 옷은 현재요
골라서 입을 새 옷은 당신의 미래다

청곡青鵠 김경곤 시인

땜장이 시인
경북 의성 출생
금오공고 전자과 졸
한국방송통신대학교 국어국문학과 졸
현, 케이3테크(K3테크) 대표
문학고을 신인문학상 시 부문 수상

공동저서
〈문학고을선집 제13집, 제15호, 제16호〉,
문학고을출판사, 2024.
〈문학고을선집 제18호〉, 문학고을출판사, 2025.

개인시집
청곡青鵠 제1시집 『시절여행 김경곤』, 도서출판 명성서림, 2025.
E-mail: k3tech@naver.com

시선 외 2편

김미선

일흔여섯인 엄마는 과거를 이야기하고
쉰여섯인 나는 미래를 이야기하고
스물여섯 아들은 현재를 말한다

엄마는 추억으로 살아내고
나는 노후를 생각하며 살아가고
아들은 하루하루가 바쁘다

엄마의 눈 앞엔 희미한 기억이 담긴 먼 산이 펼쳐지고
내 앞에는 끝없이 펼쳐진 황량한 들판이 있고,
아들은 그 너머에 꿈꾸는 집을 바라본다.

자식 걱정으로 지새우는 엄마
가족 걱정으로 한숨 삼키는 나
도약 중인 아들의 오늘은 늘 아쉽다

모르는 사람

삼 년 전에 하늘로 바삐 간 딸아이
여섯 살이 되었다가 교복을 입었다가 내가 올려다보도록
훌쩍 커서 와요 가요
반가웠어. 꽉 껴안았지. 그리곤 쓰다듬었어.
할 말은 많은 데 입이 떨어지지를 않아
그저 바라보기만 했지. 누가 수도꼭지를 틀었나.

가슴에서 밀어 올려지는 덩어리가 있어 울컥
밀착한 가슴끼리 심폐소생술을 시작했어
말문이 트이길 기다렸지.
너 너 너 저 저 저 말더듬이가 되고서야 숨이 트였어

입은 다시 붙어버렸어. 기다리다가 기다리다가
입 없는 사람이 찾아왔어. 모르는 사람이야.
아니야 그새 성장한 딸아이가 나처럼 되어서야
나를 기억하고 찾아온 거야. 다시 나나나 엄엄엄

꼭 감은 눈을 뜨려니 떠지질 않아
지팡이 두드리는 소리가 들려. 그 내 딸이다
허공을 휘휘 젓는 지팡이를 잡고 말했어

왜 이렇게 늦은 거야, 가지 마

입이 생기고 눈이 떠졌어
모르는 사람이야, 그래도 나는 알 수 있어
오늘은 다 커서 찾아온 너라는 걸
서로 기다리는 사이야, 둘이는. 엄마와 딸

어느 누구의 당신에게

강이둥이랑이는 고양이 이름(강이, 둥이, 랑이)
강이둥이랑이 부르고 돌아보면 누구도 보이지 않아
다시 강이둥이랑이 고양이는 숨숨집이다 그리고 일
당신은 오늘도 다람쥐 쳇바퀴

달군 쇠 매질하듯 자신을 단련하며
온몸으로 수구막이 하는 것을 마다하지 않는 당신은
어느 누구의 당신일까

모두가 잠이 든 건물 계단을 뚜벅뚜벅 내려가
어스름한 불빛을 더듬어 하루를 여는 당신은
또 누구의 당신일까

당신의 누구인 나는 오선지 선따라 금줄을 치고
당신의 날개 달린 발자국 도돌이표에 마침표를 찍으며
내려온 계단을 또박또박 함께 올라갑니다

김미선(金美善) 시인

68년생 충남 부여 출생
광주광역시 거주
(신화건기)건설기계사업자 관리사업
문학고을 신인문학상 수상
문학고을 등단 시 부문

조용한 손길로 외2편

김선순

어둠 속에서 들리던
대단한 개구리 소리 잦아들고
이름 모를 새소리가
음역대 다른 노래로 풍성하다

밤에도 아침에도
혼자가 아니라는 사실을
늘 확인하게 해주는 품 넓은 자연
강렬한 살아있음으로 감사하게

아침이 오는 소리
어둠이 물러나며
창문 사이 빛을 산란한다

들숨을 따라 들어오는
청량한 바람 한 줄기
잠 속에 엉킨 마음 다림질한다

아침은 그렇게
말없이 곁으로 와 있다

기다림 없이도 오는 아침이
가끔은 눈물겹다

말없는 자리

고요는
아무 말도 하지 않는다
그 자리 그대로 머물러 있다

나는 고요 속에서
비로소 요란한 내 생각을 마주한다

침묵으로 쏟아지는 문장들
한 번도 외쳐본 적 없는
내 안의 목소리

하얀 밤바다의 포말처럼
가슴이 투명해질 수 있게

고요는 말없이 기다린다

오월, 초록의 심연

오월이 문을 열었다
초록의 방을
그리고 생명을 들이마셨다
초록초록한 입술로

잎맥은 비명을 삼키고 흔들린다
심연은 층층이 침묵을 깐다

슬픔이 냄새로 올라온다
더 이상 부를 수 없는 이름들이
가슴속에 맺히고
차가운 바람 되어 스쳐 지나간다

우리가 호흡하는 오월
찬란은 오래 머물지 않는다
눈부셨다
눈부셔서 잊지 못한다

그리움은
다시 불릴 수 없는

사랑의 잔해
한 줌 초록으로 남아

"나를 기억하나요?"

눈꺼풀 아래로 바람이 깃든다

김선순 시인

충남 서천 출생
평택대학교 상담대학원 졸업(독서치료전공)
평택대학교 일반대학원 수료(상담학 전공)
봄봄문학상담연구소 대표
한국시치료학회 이사, 시치료전문가
한국독서치료상담학회 충남지부장, 독서치료전문상담사
현) 문학고을 자문위원, 나루문학회 회장, 달팽이문학회 고문

신성대학교 사회복지학과 심리상담 특강,
평생교육원 독서심리상담전문가 자격과정 진행
길위의 인문학 시치료 강사
시치료, 독서치료를 활용한 개인상담, 집단상담
자서전쓰기, 부모자녀교육, 역량강화 강의 활동

시치료 시집 〈라파트리 움〉, 〈라파트리 결〉 공저 (한국시치료연구소)
시와 이야기 〈오직엄마〉 (도서출판 진포)
문학고을 등단 시 부문, 문학고을 최우수작가상 수상
제3회 청목문학상 (작가대상) 수상, 2024년 당진문화재단
올해의 문학인 선정 시집 〈안부〉 출간

흰 절규 외 2편

김순호

흰곰이 잃은 길은 찬서리 출렁이고
넘치는 냉동고엔 달콤함 가득하여
범랑 한 냉매 향기는 북극에서 휘돈다

흰 절규 물속으로 잠기며 지워지고
멈춰진 고요 속에 파도만 울음 울어
아찔한 북극의 곰은 그림자에 기댄다

아리랑
– 임윤찬 피아니스트의 연주에 부쳐

건반 위 결이 고운 손끝이 애절하여
선율은 사랑처럼 아리게 넘쳐나고
감흥의 소용돌이는 환희 되어 번진다

물드는 하얀 소리 가락에 젖어들어
음률엔 서럽다는 애환도 숨을 쉰다
춘삼월 아리아리랑 쓰리랑은 쓰리랑

열병이 가슴에서 영혼이 파도칠 때
옛 애인 다가서니 홍조로 떨림이랴
우울의 실체마저도 꽃잎처럼 뽀얗다

달빛에 봄이 들 듯 곡조에 나비 날고
벙글은 배꽃처럼 절정은 바람 같아
열아홉 청년에게도 다소곳이 아리랑

천인사*

고비산** 병풍 둘러 뜻깊은 자리인가
허투루 생겨난 것 그 무엇 있으리오
금의 길*** 만경의 지심 맞바람도 비킨다

앞산이 절묘하여 칠읍산***** 되었어라
점지한 영험한 샘 명당에 물 맑히며
날아든 까치 한 마리 독경 염불 읊는다

찰나의 신 새벽에 고승의 목탁 소리
번뇌의 조각들이 법열의 새살 돋고
몰려든 인고의 세월 깃 내리고 관세음

천지간 하량으로 중창불사 드높아
절절한 중생들의 극락세계 지극해
이윽고 무량청정토 천인사에 펼쳤네

---

* 2024년 4월 28일 천인사 '중창불사 낙성법회' 다녀와서
** 고비산: 천인사 뒷산
*** 금의길(양평): 천인사 위치
**** 칠읍산: 천인사 앞산

해연 김순호 시인

61년 서울 거주
선문대학교 자연치유학과 통학의학석사
서울특별시교육청 지방교육행정 공무원
정년퇴직
문학고을 신인문학상 수상
문학고을 등단 시 부문
문학고을 최우수작가상 수상
공저 - 문학고을 청목 시선집 다수
E-mail 주소: xyzcap1467@naver.com

인고仁姑의 세월 외 2편

김영련

귀貴한 것이
무엇인지 묻는다면
꿈은 있었느냐
묻는다면
거창하지 않고 소박少樸하고 작은 것에
행복이 있다는 것을 알았고 아름다운 조화와
근면 성실勤勉盛實함에
고상한 삶의 꿈이
있었노라고
진정 귀한 것은
잡을 수 없고 잡히지도 아니한 것을 알았고
볼 수도 없고 보이지도
않는다는 것을
알았습니다
행복의 열쇠는 그곳에
있으니
물의 한계는 두셨으되
인간사 사람 욕심의 한계는 두지 않으셨으니
조석이 멀다 변하는
그 속을 어찌 알까만
사랑하고 배려하며

조그마한 씨앗 한 톨
뿌리는 것이 행복이려니
잡고 가지려는 것보다
흠모欽慕하고 사랑하려무나

너는 함박꽃

산천山川은 말이 없고
흐르는 물은 도도하다
만개滿開하던 산수유
꽃은 떨어져
바람 부는 대로 흐트러져
제갈 곳으로 갔고
4월의 봄은 무르익어
잎을 두고 먼저 온
자목련 백목련
꽃만 먼저 와 화려함의
찬사를 받더니
따라와 같이 피지 못한
잎을 두고 못내 아쉬워
봄을 독촉하는 가랑비에
목련화도 널브러져 대지위에 내려 앉고
너를 닮은 함박꽃은 우리의 무궁화와 꽃술은 닮았고
꽃은 목련과 같아
산에 있다 하여
산 목련이라고도 하였고
탐스럽고 복스러워
함박꽃이라 이름 주었더니

이름까지 변명되어
이도저도 어색한
목란木蘭이란 이름으로
그 동네 국화가 되었다니
애달프고 가련하구나

백년노송 百年老松

춘春 삼월 시샘하여
춘절기풍春節氣豊 자랑하며 일찍 발화發花했던
봄꽃들은 시들어 기력을 다하여 떨어졌고
앞산 뻐꾸기 소리 따라
창문을 열었더니
솔향 그윽한 백 년 노송
숲속에
꽁지만 보이더니
가락 흘려 님 그리는 서글픈 소리 들리네
남의 둥지 속 제 새끼 부르는 소리일까
어쩌면 처량하고
어찌 들으면 구슬프고
재미있기도 하고
경쾌하기도 하고
너의 속은 알 수 없으나
사연은 있을 듯하구나
어라 마중 나온 여름아
짙어가는 너의 양기陽氣 받아
백 년 노송 울창하듯
나 또한 너와 같이

도량道量 넓고
향기 품어 모든 이를 안을 수 있는
큰 대인大人 되고 싶구나

김영련 시인

50년 출생 송파 거주
프리랜서 작가
문학고을 신인문학상 수상
문학고을 등단 시 부문
공저
'종합문예지 청목18호'

누구를 위한 묵념을 올릴까 외 2편

김영진

알람이 울리기 전, 눈을 떠
짧은 순간 긴장한 채 시간을 보고
마음 놓인 안도의 숨 살짝 내쉬며
깍지 끼고 기지개 쭉쭉 내뻗어
오늘 하루 쉬고 싶은 간절한 마음
쓸데없이 반복되는 일상 속일 뿐

샤워를 하고,
와이셔츠 넥타이 고르다 문득,
어제 입었던 말은 어디로 갔을까
그 말 속에 있던 나는 그대로
오늘도 같은 말만 머금고
뻐끔뻐끔 그저 대기 중

엘리베이터 앞,
떨어지는 층수만 무심코 바라보다
앞에 멈춘 열린 문 들어가면
거울 속 나는 어디에 있을까
정장에 구두, 손에 쥔 핸드폰
그 외에 비추는 건 아무것도 없는

출근길, 스친 사람들 모두
어제와 똑같은 표정을 흘리며
기억은 주머니 속으로 꾸역꾸역
서로 약속이라도 한 듯,
감정은 길바닥에 내다 버리고
오늘 하루는 누구를 위한 묵념을 올릴까

서로의 여름에 스며든다

해변에 드리운 말린 햇살은
팝콘 튀듯 머리 위로 번지고

우리가 걷는 모래 위 발자국보다
먼저 피어난 너의 웃음은
파도처럼 밀고 당길 뿐

어쩌다 파도가 빠져 나간 자리
조용히 들어온 잔물결 따라
수줍게 속삭이는 너의 웃음
'사랑해 보단 좋아해'

햇살은 반쯤 녹아
소금꽃 아래 머물고
반짝이는 물비늘은
내 심장 위에 꽂히고

너와 나 사이,
아직 밟지 않은 모래가 있어도
아직 풀지 못한 매듭이 있어도
상큼한 떨림으로

발등에 와닿는 파도
그 부드러운 박자 안에서
우리는 발끝으로
서로의 여름에 스며든다.

햇살은 숲의 천장에 틈을 내고

햇살은 숲의 천장에 틈을 내고
계곡 물살은 오래된 비밀처럼 돌 틈을 지나
입술 끝에 매달린 물기를 따라
비말 한 점이 나뭇결을 찢고 파고든다.

한낮의 숨은,
바위틈 어두운 이마를 만져
적막 속에 체온 하나 눕히고
지나간 발자국 위로
떨리는 그림자 하나
수면 아래 접힌 채 울린다.

가장자리마다 머물던
이름 없는 손길
계곡의 깊은 속살로 떨어져
아무도 모르게
심장을 베고 흐르면

깊숙이 뿌리 내린 그리움은
누구의 이름도 붙지 않은 채

피멍처럼 번지는 초록.

물속 어딘가,
사라지는 기척이
한 번쯤 내민 손끝을 잡았을까

풋사과 향긋한 냄새 같은
알싸한 설렘은
풀잎 끝마다 몰래 매달려
떨어질 듯, 말 듯
하루 종일 망설이다

누군가는,
모서리마다 숨겨둔 꽃을 찾아
때를 잊고 피어나겠지.

김영진 시인

1979년 충남 장항 출생.
글이 마음의 골짜기를 건너는 다리라고 믿으며 시를 써왔다.
2025년 시 부문 『문학고을』 계간지 하반기 등단 신인 문학상에
「오늘, 그리고 나는」 외 1편이 당선되어 등단.
현재는 시와 더불어 웹소설, 음원 등 다양한 장르에서 창작 활동을 이어가고 있다.

아름다운 꽃 외 2편

김영철

꽃피웠다
너의 미소와 이쁜 마음이
내 꽃밭에 아름답게

강물의 노래 행복의 노래
별의 노래 되어

꽃 바람맞는 것처럼
싱그럽고 행복해

세상에 아름다운 말
사랑해

아름다운 너

촉촉 거리에 내리는 비처럼
스며드는 너의 마음

민들레 홀씨 흩날리듯
너의 행복이 너의 사랑이
그대에 닿기를

다행이야
지금! 생각나는 사람이
너라서

설렘과 싱그러운 마음
밝은 표정으로

하나 둘 셋!!
그대 생각 그대 사랑

고백

일어나면 생각나는 이
매일매일 보고 싶고
자주 생각해도 물리지 않는

마음을 열어 행복으로 설렘으로
다가옵니다
한 떨기 꽃처럼

부둥켜안아
행복을 느끼고
말없이 쓰다 듬는 손길에
내 마음에 사랑이 갑니다

김영철 시인

글쓰기(시나리오, 시, 수필) 집필 중
서울사이버대 웹문예 창작과
4년 재학중
문학고을 문학상 수상
문학고을 등단 시 부문
현) 문학고을 자문위원
공저
문학고을 '종합문예지 청목'

오늘 아침 외2편

김영현

오늘 아침입니다

자고 나니 오늘 아침입니다
어제까지도 내일이면 천지가 변하리라 생각했는데
변한 게 없는 오늘 아침입니다

동쪽 하늘에서 해가 솟고 대지가 밝아 오는
오늘 아침입니다
어제의 역사는 어제로 끝나는
오늘 아침입니다

다시 생사의 쟁탈전이 시작되는 오늘이건만
그 흑막을 감추고 태양이 또다시 비추는
오늘 아침입니다

어제를 까마득히 묻어버리는
오늘 아침입니다

자아를 상실하고 이성이 매몰된 어제의 역사는
감성으로 묻어나지만, 자연의 순리는
거역할 수 없는 현상으로 나타납니다

아무런 가책도 없다는 듯 다시금 태양이 솟는
오늘 아침입니다

역사, 수레바퀴, 쟁탈전, 대립, 갈등, 비상계엄, 탄핵,
파면, 선거, 공정, 부정, 이념, 사상, 운명, 정체성

혼돈이 내재된 공간 속에
이분법의 시계만이 재각거리는
오늘 아침입니다

오늘 아침!

농부의 감자 꿈

춘삼월에 심은 감자
오뉴월 보물 되어 황금 알로 나타나니
누런 이빨 드러낸 농부 얼굴 웃음 가득
농부 마음 땅이 알고 황금덩이로 보답하네

보물이 나오네 황금덩이 나오네
주름진 농부의 손가락 사이로
넘쳐나는 감자알에 어깨춤 덩실

농부의 함박웃음 하늘 가득하고
땅 속의 달덩이 황금 알로 나타나니
오늘 따라 농부 마음 부자 되었네

손자들 손가락도 바쁘게 움직이니
감자 줄기 사이로 황금덩이 나오고
좋아 라 날뛰며 힘찬 웃음 터지네

이 감자 황금덩이 손자 적금 생각하니
오늘따라 부르는 농부의 콧노래가
흥겨운 바람 타고 더욱 높이 울리네

이마에 장식되어 맺힌 땀방울
쉼 없이 달려 온 농부의 옥구슬
보배 되어 가슴에 한가득 맺혀있네

내년에도 내 후년에도
더 많은 황금 알을 캐겠지 하며
하늘 한번 쳐다보고
농부는 감자 꿈을 꾸어 본다

아카시아 꽃향기

그녀의 살 내 음이 살갑게 다가오는
언덕배기 오솔길

계절은 어김없이 찾아와 나를 부 르네

오늘도 나는 그 오솔길의 향기가 그리워
말없이 걸어가고 있다

첫 사랑의 입맞춤에 향기를 더해 준
사랑 꽃

은은하게 풍겨 반긴 여인의 향기
달콤한 초코렛의 감미로운 미향味香

초롱초롱 하얀 방울 한 아름 품어 안고
벌 나비들 춤을 추며
나를 반긴다

김영현 시인, 수필가

진주교육대학교, 경남대학교(교육학석사)
초, 중등, 특수학교 교사
경상남도 교육청 장학사, 장학관
창원천광학교, 김해은혜학교 교장
부산장신대학교외 겸임교수
경남신문 촉석루 집필위원(2000)
경남장애인신문 논설위원
KOICA 94기(한국국제협력단) 단원으로 해외봉사활동(미얀마)
현재 경남산청에서 농부로 살고 있음
문학고을 신인 문학상 수상
문학고을 등단 시 부문

공저
계간 '종합문예지 청목' 시선집

두려운 것들 외 2편

김 용

사십여 호 남짓
초가집과 기와집 두 채
평온했던 고향 마을

가장 두려운 것은
소깝 조사였다
청솔가지를 땔감 삼는
집을 찾아
벌금을 매기는
민정 조사관의 방문

동네 어귀 첫집에서
조사가 시작되면
소문은 구전으로
삽시간에 퍼졌고
지게에 솔가지 잔뜩 지고
내려오던 아재는
다시 산으로 올라가 몸을 숨기고
산 아래를 내려다본다

그에 버금가는 공포도 있었다
술 조사였다
볏짚 속 잿더미 밭둑 아래
은신한 술독 하나로
동네는 또 한바탕 난리였다

부모님을 힘들게 했던
이 두 가지 없는 세상에
살고 싶다

비의 예찬

소리가 좋다
보지 않아도 좋다
그 소리가 좋다
방해하는 바람 소리가
조금 밉긴 하지만
편안하고 조용함을 찾는
나의 감정을
꿈틀거리게 만든다

마음을 깨끗이
씻어 주기도 하고
메마르지 않도록
촉촉이 수분을 머금게 한다

내려오는 모습이 아름다워
넉넉함도 함께 안겨준다
내 몸속을 흘러내린다
왠지 가만히 있어야만
할 것 같다

넘치면 눈물 되어
슬퍼진다
지금이 내게 좋다

전

너와 내가 어울려
하나가 되어
새로운 맛이 만들어진다

불 위에 누우니
등은 뜨거워 아리고
힘겨워 소리를 지르면
아무도 모른 체한다

배는 소리 지르고
내음도 풍기며 신이 났다
하지만 등이 참고 지지니
잠시 즈음 등과 배가 뒤집어져
등이 밝은 세상과 옛 얘기 할 때
아래 있는 배는 힘들어 후회한다

그런 동안 익어간다
맛있는 전으로
인생의 맛으로

김용 시인

1959년 경북 의성 출생
안동중앙고등학교 졸업
前(주)메딘 21 대표이사
現(주)대림플라콘 전무이사
문학고을 신인문학상 수상
문학고을 등단 시 부문

물오리 외 2편

김정은

어떻게 살아가야 할지
풀리지 않는 숙제

양재천 물오리
아침 해 맞이하며
물길 따라
유유히 거니는 것처럼

보이지 않고
쉼 없이 노젓는
물 밑 물갈퀴

낡음

할아버지의 나이가 된 나무
종이가 부스러지는 책
주름 많은 신발

상처투성이의 마음
거친 세상 위의 단단해진 가슴
사랑의 짙은 농도

여행

가끔은
도착지도 없이
특별한 이유도 없이
떠나본다
차창 밖으로 멀어져 가는 넓은 들판을 바라보면 가슴이 환해지고 상쾌한 마음 설레어 진다
복잡한 삶들 속에서 이리저리 부딪치던 모습들은 헐벗은 나의 모습을 만날 수 있다 평소에 찾을 수 없었던 다른 모습까지도…
오늘도
나의 모습 나의 소유 나의 사랑을 그저 나의 모습을 만나기 위해 언젠가는 집으로 돌아가는 때까지 여행의 여정 속이다

김정은 시인

숙명여자대학교 경영학부 졸업
숙명여자대학교 교육대학교 일반사회 졸업
성균관대학교 교육학과 박사과정 수료
문학고을 신인문학상 수상
문학고을 등단 시 부문
공저
계간 '종합문예지 청목' 시선집 다수

길 외 2편

김현경

혼자 걷는 길…

둘일 땐 없었던
작은 야생화의 환한 미소가 보이고
길을 걷다 발끝에 채여 엄살 떠는
작은 돌부리의 짜증 섞인 얼굴도 보인다

너무 한적한 시골길을 걷다가
뜬금없이 자리한
낡은 벤치의 유혹을 핑계로
선심 쓰듯 앉아
잠시 쉬어 가기로 한다

반복되는 지난한 삶의 여정들
숨 막히게 내달려온
회억의 시간들이
파노라마처럼 흐르며
후회와 고뇌를 토할 때

목적지가 어딘지
애초에 존재 여부조차

가물가물…
나마저 잃어버릴 즈음

각인된 발자국을 따라
길이 뒤따라 와
석양빛에 내 그림자를 뉘여
토닥토닥
젖은 삶을 달랜다.

母子 사이

한겨울 앙상했던 가지에 새 순이 돋았다.
비쩍 말라비틀어져
물기조차 가문 곳에도
가녀린 생명이 살아 있었나 보다.

배신감에 비쩍 말라버린 내 맘에도
어쩜 깨알만 한 감정이 살아 있을까
AI가 쳐놓은 세대 갈등에 팽개쳐진
어미의 유린된 자존감이 이리 서린데…

따스한 봄 햇살이 여린 새순을 비벼
연둣빛 잎이 자라 황홀한 꽃을 피울 때면
맘 깊이 가둬둔 상처 받은 감정도 아물어
그 애 그리움에 혼을 놓을까

서늘한 바람이 꽃향기를 삼키고
열매를 놓을 즘…
시치미 뚝 떼고 그 애를 보러 갈까나

가슴이 이토록 저리고 아파도
가장 달달한 열매 따다가
어쩜 허기진 그 애 가슴에 채워 줘야지

아버지

새벽부터 내리던 빗물이
마당에 깊은 골을 파
길을 틀 즘이면
조용히 생각나는
이름이 있다

궂은 날씨가 닥칠 양
병약한 세포가 정체를 드러내
사지 육신이 아릴 즘이면
유난히 기억나는
얼굴이 있다

고단한 하루의 일과를 마치고
짙은 어둠이 덮여
잠자리 들 즘이면
아득히 떠오르는
향긋한 미소

멍든 어깨에 생계 짊어진
처진 어깨가 더없이 초라했던

이제는 하늘의 별이 되어
어린 가슴에 상흔으로 맺힌
너무 그리운 사람이 있다

김현경 시인

한국방송통신대학교 전자계산학과 졸
경기안양재가복지센터 대표
안양 백일장 입상
새고창 웰다잉 공모전 대상
문학고을 신인문학상 수상
문학고을 등단 시 부문

길섶 잡초에도 봄은 깃들다 외 2편

김희숙

바싹 마른 풀섶에도 보들보들
아가손 같은 봄이 파릇 파릇
햇살은 하늬바람 타고 살랑살랑

들숨만 들이키던 겨울의 정서가
그 여린 날숨을 가슴깊이 토해낸다

흙내음 가득 바람을 쓰다듬고
개나리 꽃망울 꼭 보듬어 안은
햇살은 피안의 미소를 머금다

봄 맞으러 산책 나온 발걸음 가벼이
잇몸 만개한 채 소곤소곤 즐겁고
어디선가 봄을 깨우는 소리 들린다

틔워낸 새 생명 소생하는 계절에
역동하는 삶이 누더기처럼 덮인
마른 풀섶을 헤집고 기지개 켄다

봄나물 한 바구니

양지 바른 한켠에서 쓰디쓴 고독을
한 움큼 캐서 앞섶 바구니에 담았다
하얀 슬픈 눈물 진액으로 배어나고
이별의 아픔처럼 목젓이 아린 상처

길섶 마른 잡초 사이 그리움 한줌 캐어
얼키설킨 소쿠리에 소중히 담아 본다
구수한 옛 사랑 아련한 봄향기 되어
등 두드리며 다가오던 그리움 피어나고

계절이 흙내음 솔솔 안겨주는 들녘
봄의 추억은 아지랑이 피어오르고
민들레 영토 냉이 군락을 헤집으며
완연한 봄내음에 현기증 일어나는데

잃어버린 입맛 돋구어 줄 산해진미
보드라운 햇살 보송보송 봄바람에
여린 꽃무덤 앙증 맞게 헤실거리며
한아름 가슴 설레는 봄 맞으러 가리

여름 시리게 하얗게 다가선다

이팝나무꽃 튀밥처럼 피어오르고
아침이슬 시린 바람은 눈치보며
한나절 볕을 달구어 실어 나른다

꽃비 흐드러지게 내리던날 햇살은
맴돌다 바람과 함께 도돌이 한다
우주를 거닐던 은하수처럼 펼쳐진 꽃잎

아직은 봄의 발걸음이 무딘데 여름을
성큼 잡아들이는 너는 하얗게 사위는구나
그래도 사랑스럽다 시리도록 뽀얗지만

김희숙 시인

1960 경기 안산 출생
요식업
문학고을 신인문학상 수상
문학고을 등단 시 부문
글벗 지기 자문위원
공저
문학고을 시선집 다수
문학고을 우수작가상 수상
현) 문학고을 경기지부 지부장

고해苦海 외 2편

나중식

그가 온다, 바닷물이 들기 전에 와서
포말이 되는 것이다
그렇게 부서지고도 살아
한 됫박의 진물로 부풀어 따개비처럼
옹기종기 뱃머리에 붙어사는 것이다

하늘이 춤추고 쓰나미가 한바탕
울고 간 다음에야 겨우 일어서는 것이다
그리고 햇볕에 피를 말리고
삶의 옹이가 되어 화석이 되는 것이다

내 몸속에 숨어 산 지 오래되었다
천千의 탈을 쓴 천사의 얼굴로
오! 삶이여! 생이여!

오오! 나의 슬픈 페르소나여!

마신다

야크가 운다 찻잔 속에서
사람들은 두 손 받쳐 공손히 그 눈물을 마신다
천년 설산의 정기가 좋다며
그 여름도 마시고 그 겨울도 마신다
어제 죽은 야크의 피도 마신다
뼈와 피로 물든 그제의 소금물을 마신다
가슴이 저릴 때마다 정성으로 그 향기를 마신다
야크를 죽이고 설산을 죽이고
차마고도 좁은 길목에 홀로 우뚝 선 마방의
헐떡이는 숨결을 마신다
오늘도 난 경건하게 노동의 심장을 마신다
죽어서 먼 길 돌아온 야크를 살리고
울면서 죽어가는 설산을 살리고
비린내 솔솔 나는 강퍅하고 삿된 마음을
한 번 더 조용히 깔고 앉아
기도하듯 두 손 모아
마지막 한 방울 안식을 마신다
발효한 나를 마신다

청춘 유감

슬프다 못해 아프다

세월 들고난 자리마다 알알이 썩정이다

겨울에 핀 꽃, 옹이
그는 어디서 온 것일까?

스며들자니 밋밋하고 파고들자니 딱딱했다
때를 죽이고 살다 보니 늘 혼자였다
온전히 피지도 다 죽지도 못하고
엉거주춤 남의 집 담벼락에 빌붙어 화석이 된
그대 흘러가 버린 나의 젊음이여!

청춘이란 누구에겐 보랏빛이고
누구에겐 꿈에서도 벌떡 하늘을 치고 통곡할
회한이지만, 걸망한 아이에겐 유년이 없듯
나는 늘 겨울의 앙상함을 사랑했다
어떤 책도 어떤 경전도 나의 광기를 막지 못했다
꽃이 피기도 전에 스스로 시들어 붓다가 된,
애늙은이가 된 겨울에 핀 꽃 옹이
한 번도 제 나이를 찾아 훨훨 날아보지 못한

한 번도 제대로 내 안의 나를 사랑해 보지 못한
내 젊은 날의 발목이여!

해무 저 뒤편의 돛단배처럼
아스라이 사라져 가 버린 것: 구태여 찾지 마라
찾아서 무엇하랴?
없는 봄날의 꽃을 억지로 추억하지 마라
슬퍼하지도 말라 그대!

꽃은 피고 지고 또 떨어져 사라지지만
그대 옹이는 꽃보다 더 아름다운 불꽃으로 살아
파란 새알심을 품지 않았더냐
죽어서 탁자 위의 꽃이 되지 않았더냐

겨울에 핀 꽃, 옹이여
그대 잘살았다.

나중식 시인

경성대학교 명예교수
전 경상대학교 총장
문학고을 신인 문학상 수상
문학고을 등단 시 부문
문학고을 청목문학상 수상
(작가 대상)
공저
계간 종합문예지 '청목' 다수
jsnahh@naver.com

거울 외 2편

도정우

거울에 비친
내 모습

조금 보려고 했는데
자세히 보인다

가만히 있으려고 했는데
여기저기 살펴본다

거울도 빛나고
나도 빛나고

아까보다 밝아지는
아저씨 옆에

살짝 비추이는
내일도 빛난다

빈잔

술에 취한 줄도 모르고
그대를 사랑하네

세월이 가는 줄도 모르고
그대를 사랑하네

그대를 바라보는 똑같은 모습으로
내가 있고

사랑하는 마음에
사랑을 열어주네

사랑은 주고 받는것

그대는 생각하면
먼 곳에 있지만

술에 취한 내 사랑은
술잔이 되고 빈잔이 되네

세월이 가면

내 사랑도 가고
나도 가네

편지

때가 되었다 싶어
그대에게 편지를 쓴다

그동안 참았으니
말해도 되는 우리 이야기

어제 본 듯한 그대 모습이
내 사연이 되고

바로 그 말을 쓰려 하니
편지가 고맙다

최고의 선을 쓰고 싶어
다 생각해 보고

오늘 하루 미련없이
잠시 잊도록

흐르는 강물처럼
편지를 쓴다

도정우 시인

71년 부산 출생
관동대학교 전자공학과
해지 태수도 (창시자) 9단
광고 회사 재직
문학고을 신인 문학상 수상
문학고을 등단 시 부문

호수 위의 무도회장 외 2편

류영형

암팡지게 솟은 의룡산
삼각머리 용은
승천하듯 꿈틀대고

능선 아래 호수 위 물안개
피어 올라
잠겼던 옛 추억 되살아난다
소 먹이고 멱 감던 아이는
세월을 친구 삼아
호수 위에 내려앉아
옛 추억 머금었다

영롱한 햇살 물안개 삼키면
드러난 수양버들
늘어진 가지에 연초록 치마 입고
바람에 나풀대면
물비늘 반짝이는 햇살에
어우러져
호수 위는 무도회장

구름이 지나가고
산그림자 물가를 기웃대면
물오리떼 이름 모를 곳으로
날아가고
나그네의 향수만 더 해간다

아카시아 피는 길목에서

오월의 숲길 모퉁이
따스한 햇살에 아카시아꽃
피어나고

하얀색 소복하게
방울방울 꽃잎은 내려앉아
추억의 향기에 취하고
꽃잎을 따먹던 어릴 적
시간으로 멈추었다

소먹이고 꼴망태 짊어지던 시절
손끝에 닿을 듯 닿지 않던 시절
그마저도 안 되면
나무 위로 오르던 시절

마음은 꽃잎 되어 흩날리고
그리움에 아카시아꽃
주렁주렁 입술은 열린다

달콤한 향기 피어나는
오월의 길목에서

고향 마을 그리운 친구 얼굴
떠올린다

고향의 풍경소리

조용하고 한가로운
오후의 한때

햇살은 구름 사이로
숨바꼭질하고
연이어 회색빛 하늘로 물들자
양철 지붕 위 또닥또닥
빗방울 떨어진다

물방울 소리 리듬에 맞춰
방울방울 떨어지면
작은 대야에
태풍의 파장을 일으킨다

비 그친 오후
산비둘기 뻐국뻐국
외로운 듯 구슬프게 울고
조용한 오후의 풍경이
외로움을 더한다

자욱하게 안개 낀 앞산
짙은 녹음 사이로
밤꽃이 하얀 솜털로 수놓고

마당 한켠
긴 잠에서 깨어난
고양이 한 마리
긴 하품을 토하고

이따금씩
산비둘기 울음소리
구슬프게 들린다

시인 류영형

합천 출생
진주 기계공고 졸업
경북 공전 기계과 졸업
철도청 근무
부산시 근무
부산 환경공단 차장 정년퇴임
2024년 문학고을 신인 문학상 수상
문학고을 등단 시 부문

〈공저〉
문학고을 선집(청목 제16호)
문학고을 2024 가을 VOL12

〈저서〉
첫 번째 시집 (가슴으로 젖은 별 하나)
보민출판사 2025년 02월 04일

시재가 아닌 시인이 되기 위해 외 2편

박위업

여명이 밝아오는
아롱아롱한 농삿길 골짜기
자욱한 안개구름 타고
농부의 트랙터 소리
산하에 피어오르며 싱그러운 내음이
창문 너머 온다

높은 수준의 수탉의 산울림
고요한 상념을 떨쳐 버린 야만족
부질없는 천상의 얼굴로
시인은 시를 그린다

우아한 주제도 없이 삶에 감사하며
창가에 아침노을 기다리며
꽃봉오리에 바람을 넣는다

거실에 있는 꽃기린
입바람에 수를 그리며
나를 위로하며 망설임 없는 낙하

향기도 없는 너
가시의 무서움과 공포감으로

고독에 빠진 아픔에
시인은 시를 그린다

안개가 사라지고
골짜기에 시냇물 춤을 추니
창밖에 장미의 자태
눈을 반짝거리며 햇빛을 찬양하니
순수한 내 마음
시간과 공간을 채운다

자연과 나의 어울림
남아있는 운명 앞에서
별 유 풍경 만들어
탄생과 기쁨을 노랫말 이으면서
오늘도 시인은 시를 그린다.

토룡의 화려한 외출

둘레길 따라
벽촌으로 가는 명지바람
드높은 비상에
아물아물 피어오르는 아지랑이
무심으로 경지境地에 오른다

개울 건너 잔솔밭
장끼의 울음소리에
놀란 백로와 고라니
삼십육계 줄행랑을 놓으니
줄지어 참새떼 수를 놓는다

벽촌은 고요 속에 잠기고
길가에 대쪽 같은 자태로
애참하게 지켜보는 고사리
백주白晝 대로에
제멋대로 마구 행동하는 토룡

화려한 외출에 비통함을 모르고
길도 없는 길을 찾아

햇볕에 표적이 되어
아지랑이 등에 메고
부식토 찾아 바람과 함께
길을 찾는다

초여름 봄을 밀어붙이고
콘크리트 바닥에 고열의 복병에

역경을 헤쳐나가지 못하고
객사를 당하는 가련한 생명
아지랑이 동무하여
창천의 길 오른다.

외로움을 먹는 술

어제도 한 잔
오늘도 한 잔
가효佳肴를 기다리는 혼술

내일은 누가
찾아올까?
희작喜鵲 깍 깍 기다리다

고지새 있고
솥발이 있는데
벽지 생활 외롭지 않소

세월은 나 기억하고
난 팔질 기다리니
노을 즐겁지 아니한가?

혼술에 해껏 익어가고
주사酒邪에 임 부르니
어스름달 작은 하늘 부럽지 않소

견우성으로 갈까?
직녀성으로 갈까?
상념에 세속적 욕심을 채운다.

청심 박위업 시인

세종대학교 세종대학원 졸업
전원생활 7년차
저서
'푸른빛을 핀 구름위의 고희' 시집을 집필
문학고을 신인문학상 수상
문학고을 등단 시 부문

재혼 외 2편

박진수

네 품에서 살아가고 싶어
날 품기엔 작은 보금자리
그래도 비집고 들어갔네

날 싫어하는 너의 아이들
빠르게 성장해야만 했네
너와 아이들 모두의 아픔

미처 눈치채지 못 할 만큼
서로 소통할 수 없을 만큼
바쁘게 성장해야만 했네

미안해

사랑니가 빠졌다
아프다

마약 중독자

어지러운 향기
눈앞의 장미는 아름다워

길거리를 걷고 또 걷다
눈 감아봤다

알몸이다
소스라쳤다

아늑한 침실 몽롱하다
또 장미다

난 장미를 먹었나 봐
어지러운 향기

장미 아름다워
정말 아름다워

행복 창조론

침울한 마음의
고요를 위하여
침침한 눈앞을
살포시 덮는다
암전된 공간에
푸른 하늘,
불꽃놀이,
푸른 바다,
상상 속 그린 그림
세포가 관객이 되어,
세포가 전율하도록,
상상 속 그린 그림
점점 섬세해지는,
점점 풍부해지는,
상상 속 그린 그림
온몸 세포가 전율할 정도,
그 정도 되면 행복 창조론

박진수 시인

97년생 인천 송도 거주
문학고을 신인문학상 수상
문학고을 등단 시 부문

미움 받을 용기 외 2편

방성욱

비 온 뒤 젖은 잎 위로
달팽이 한 마리 기어오른다
어젯밤 숨은 틈에서
잎을 상처 낸 것도 그 자신이었다

작은 흔적 하나에
바람은 날카롭고 햇살은 망설인다
하지만 달팽이는 껍질을 접고
몸을 내민다 조용히 빛을 향해

숲은 그를 나무라지 않고
침묵 속에서 용기를 본다
사과는 말보다 느린 걸음으로
세상을 다시 쓰다듬는 일

누군가는 고개를 돌리겠지만
누군가는 마음을 열 것이다
그 모든 가능성 앞에서
그는 미움을 껴안고 걷는다

나르시스

계절을 잃어버린 이 땅
비 내린 하늘 아래
나는 피지 못한 꽃망울처럼
당신을 향해 움츠린 채 살아간다

바람도 말이 없고
해는 당신의 시간에 머물러
나는 하루를 두 번씩 살아낸다

당신은 먼 나라
다른 하늘을 이고 있지만
우리 사이엔
꽃잎처럼 얇고 단단한 사랑이 자란다

나는 당신을 기다리는 수선화
얼어붙은 대지 위에서도
봄을 포기하지 않는 그 한 송이처럼

사랑은 흙이 아닌
믿음 위에서 피는 꽃
당신과 나
이 봄에도 다시 꿈을 담고 피어난다

회색 구름 아래

비 내리는 아침
회색 구름이 창가에 내려앉는다
네가 남기고 간 따뜻한 말 한 줄
이슬 되어 창문을 적신다

젖은 나뭇잎은
내 마음처럼 고요히 떨고
빗방울은 너의 발자국인 듯
하나씩 내 게로 다가온다

저 먼 산 너머 구름 틈 사이
햇살이 머뭇대듯 비치면
그건 너의 눈빛이겠지
한참을 망설이다 돌아가는

이 비가 그치면
너도 그리움을 털고 올까
나는 이 아침의 안개처럼
너를 기다리는 습관이 되었다

방성욱 시인

경남 마산 출생
1997년 신세계백화점 공채 입사
전자랜드 용산본사 구매부 근무
문화예술경영학 학사
현)PT. SSANGYONG INDONESIA 대표이사
제3회 적도문학상 시 부문 최우수상 (주 인니 한국대사상) 수상
문학고을 신인 문학상 수상
문학고을 등단 시 부문
현) 문학고을 인도네시아 지회장

침묵하는 마음 외 2편

서기선

그리움이란
보고 싶은 마음이 아니라
더는 볼 수 없다는 걸
아는 마음이다

그 사람의 이름을
속으로만 부르고
흘러나온 한숨을
기침처럼 삼키는 것이다

그 사람에게 전한 마지막 말은
"내 어머니여서 감사했고,
고마웠어요."였다

시간은
그날의 감정을
야금야금 데려가는데
당신의 눈빛은
여전히 그 자리에
남아 있네요

당신의 온기를
단 한 번만이라도
다시 느낄 수 있다면
얼마나 좋을까요

그러나 나는
내색하지 않고
침묵을 택했다
말로 꺼내면
금세 사라질 것 같아서

그래서 그리움이란
견디는 것이 아니라
묵묵히 데리고 사는 것이다
때론
내 그림자보다
가까운 마음으로
살아내는 것이다

비상飛翔과 비상非翔

네가 내게 등을 보인 건 나를 밀어내려는 게 아니라
스스로를 세우기 위한 노력이라는 걸 알기에
나는 침묵으로 응원했다

그리고 이제 나는 너의 작은 등을
멀리서 따라 걷는다

어릴 적 너는 울음을 쉬는 법도 몰랐고
나 없이 잠드는 법도 몰랐다
작은 손이 내 옷깃을 움켜쥐던 밤
그 밤들을 나는 아직 잊지 못한다

성인이 되어선 멈췄어야 했는데
그러질 못했다
사랑으로 감싼 말들이 너에겐 간섭이었을 테니
침묵했어야 했지만
여전히 내 눈엔 옷깃을 움켜쥐던
그날 밤에 멈춰 있었기 때문이었다

나는 사랑이었지만
너는 간섭이라 여겼겠지

다 주고도 남은 게 있다면
그건 아직 전하지 못한 사랑일 것이다

고맙다는 말
사랑한다는 말은
하지 않아도 된다

그저 나 없이도
네가 잘 살아가는 모습을 보이면
그것으로 족하다

그러니 혹시 먼 훗날
네 아이를 품에 안고 살다
그 아이가 자라 너에게 등을 보이면
그때 아비의 마음을 기억해 다오

나는 네가 몰랐던 마음으로 너를 키웠고
너는 그 마음을 모른 채
잘 자라 주었다
내가 대견해하듯 너 역시 그럴 것이다

허리굽은 햇살

노인의 어깨 위로 늦은 햇살 하나가 조용히 내려앉았다
빛이라고 부르기엔 너무 느렸고, 온기라고 하기엔 다소 쓸쓸했다
아마도 노인과 함께 늙어간 햇살이었나 보다
몸이 기억하는 계절들, 이름도 없는 감정들, 그리고 입 밖으로 꺼내지 못한 말들처럼
허리 굽은 햇살은 오늘도 어김없이 노인의 어깨 위에서 함께 늙어갔다

노인은 아무 말도 하지 않았고, 말 대신 주머니 속에서 무언가를 만지작거렸다
몇 푼의 동전이거나 젊은 날의 흔적일 수도 있다
혹은 기억조차 가물거리는 장성한 자식의 옛 모습일지도 모른다
그것이 무엇인지 나는 모른다, 단지 추측이 타올랐다 꺼졌을 뿐이다
마침내 주머니를 빠져나온 손이 심하게 굽어 있었다
그것을 바라보는 시선 위에 찡그린 눈동자들이 머물다 사라졌다
하지만 그들은 몰랐다. 손마디 사이로 미처 전하지 못한

사랑이 남아 있었다는 것을

리어카를 끄는 노인의 걸음이 느렸다
그러나 느리다는 건 늙었다는 뜻이 아니라,
먼저 지나온 시간의 무게이며 오늘도 쌓여가는 이야기들이다
그의 걸음 뒤를 따르는 먼지마저 이야기처럼 보였다
다시금 햇살이 그의 등을 더듬고,
바람은 노인의 등을 떠밀었다
노인의 세상이 잠시 숨을 고르다 이야기를 만들며 다시 걸었다

그가 지난 자리엔 이상하리만치 오랜 냄새가 풍겨왔다
그건 꽃의 냄새가 아니라,
오래된 책갈피를 넘길 때만 나는 시간의 냄새,
혹은 삶을 오래 품은 가구의 나무결에서 나는 마른 향 같기도 했다
그는 그렇게 쾌쾌묵은 이야기를 남기며 걸었고,
나는 무심코 그가 남긴 이야기 중 말 없는 구절들을 몸으로 받아 적었다

그리고 나는 그제야 알았다
허리 굽은 햇살이 노인을 찾은 이유를

서기선 시인

1971년 강원도 영월군 출생
2023년 그림책 '방귀고래 핑구' 출간
2023년 전자도서 '시전' 출간
2025년 단편소설 '노스담' 출간
(現) 브런치스토리에서 작가로 활동 중.
문학고을 신인문학상 수상
문학고을 등단 시 부문

축복 외 2편

손예하

태풍이 지나간
앙상한 상처에
어느새
아픔을 잊은 듯
새 생명을 뽐낸다.

연하디연한 잎사귀가
제법 가지를 내고
무성한 숲을 이루고

보이지 않는
시련의 시간을
견딘 뿌리는
더 깊은 곳으로
뻗어나간다.

혹독한 한파와
무더운 여름을
엄한 훈장 삼아

잘린 가지 속
여린 가지들은
거목의 꿈을 꾸며

찬란한 빛으로
고통을
감사함으로 버티며

생명을 품는
꿈을 꾼다.

소망

꽃을 심는다.
아무것도 보이지 않은
작은 볼품없는 씨앗을

뜨거운 가슴
깊은 곳에 심는다.

눈물을 빗물 삼아
뜨거운 태양과
거친 비바람 속에

여리고 여린
새싹이 나오길
두 손을 모은다.

조급했던 긴 시간이
비료가 되고
향기가 나는 봄이

너를
아름다운 꽃으로

빛나는 희망으로
큰 꿈으로
피워내길

잡초 하나 없는
이곳에
작고 작은 믿음으로
너를 심는다.

생명

찬바람을 맞서며
은빛 물고기를 잡으러 카메라를 들었다.

파란 하늘과 푸른 바다가
산을 경계로
자기는 하늘이라
나는 바다라 한다.

둘은 형제인 듯한데……
푸른 산이 싸움을 말리기라도 하는 것일까?

따스한 빛은
하늘과 바다를
하얀 물 고기떼로 채우고

파란 렌즈를 건너
두 눈으로 걸어 들어온다.

빛을 가득 잡아
맘으로 걸어 들어온다.

손예하 시인

79년 남원 출생
전남 순천대학교 졸업
중국 텐진 남개대학교 석사 졸업
문학고을 신인문학상 수상
문학고을 등단 시 부문

꿈 외 2편

송혜선

그 해 6월 헐벗은 집에서 태어났다
산파가 나를 받았다 없네 없어

아니,라는 외면
아름답지 않은 현실

된다 된다 해도 힘든데
안 돼 안 돼 그러니 '잘'이 될 수가 있나

어차피 새파란 꿈은 다 그래
멍들고 눈물겨운 스토리

툭툭 털고 까맣게 잊을 법도 한데
대책 없이 하얗게 긴긴밤을 지새운다

이른 새벽 아파트 화단에 어제 없던 난초 화분 하나
누가 그랬니 해쓱한 이파리 모른 척 고개를 숙이네

화분을 껴안고 나는 집으로 왔다
애꿎은 더께를 뽀득뽀득 닦으며

병들지 않고 아프지 말고 자라렴
꽃이 피면 좋겠다 언젠가

빨갛거나 노랗거나
너 원하는 대로

나도 잘 지내

현재 이 지역에 약간 강한 바람이 불고 있어요
날씨앱을 읽으며

그래도 나가야지
봄길을 걸어야지

아무도 없는 거리
신호등을 막 건너

무심코 공원을 바라다보는데
멀리 자작나무 여린 잎새들이

늦은 햇살을 받아
반짝반짝
바람에 기름칠한 듯
차르르 차르르

안녕하세요!
우리 여기 있어요

불쑥
묻지도 않은 안부를 전한다

울컥
주책맞은 콧날이 찡해진다

그래, 나도 잘 지내

까마득한 물음

나에겐 문이 하나 있다

안과 밖이 다른 세상
바깥은 매번 다급한 우주

시간은 존재하지 않는데 우리가 과거 현재
미래라고 이름 지었어 셋은 다 똑같은 하나
다만 인식 순서라는 것 약속이나 맹세
인간은 저 아름다운 꽃, 재잘대는 참새처럼
자연이라는 것 그래서 애달아하지 말자고.
우린 언제 태어날지 몰랐고 생각이라는 걸
할 수 있었을 땐 이미 인간이었어
죽음은 생의 유일한 공평

무질서한 사유가 내 작은 문 안에
촘촘히 갇힌다 왜일까

도서관 환한 창 그 너머를 건너다보며

책 속에 담긴 숱한 이야기들이

이집트 피라미드 꼭대기, 그 마지막 돌에
새겨졌을 법한 까마득한 물음

인간이란 무엇인가
그것을 향해 나아가고 있는 게 아닐까

송혜선 시인

1997년 자연과학부 졸업
브런치 스토리 작가
글벗들과 공저 시집 계획
문학고을 신인문학상 수상
문학고을 등단 시 부문

은행잎 외 2편

신기순

고요한 밤하늘 아래
은행잎은 더욱 푸르게 빛나고

그 소리 바람에 실려
들려오는 속삭임

오늘 밤 마음속에 피어나는
고요한 생각들

은행잎도 흔들리면서
무슨 생각을 할까

설연화 雪蓮花

긴 겨울 눈밭 위에
차마 전하지 못한 마음
하얗게 쌓이고

혹한 속에서도
기약 없는 기다림을 품고
묵묵히 버텨준 님

첫 봄바람 스칠 때
노란 꽃잎으로 피어나
내 앞에 오신 님이여

얼어붙은 그리움도
봄눈처럼 사르르 녹아
가슴속 깊이 스며듭니다

수타사 고요한 뜨락에
님의 향기 머물고
오랜 기다림 끝에
다시 마주한 순간은

시간마저 멈춘 듯

속삭이듯 피어난 연화는
제 마음의 축복입니다

나의 길

나는 어떤 길을 걷고 있는지
잠시 회상한다

이제 곧 목적지가 다가온다
오솔길에서 고속도로에
접어들기까지는
많은 시간이 걸렸다

돌이켜 보니
오솔길에서는
들꽃과 푸른 숲과
하나 되어 즐거웠던 길이었다

고속도로에 들어서니
쉼 없이 경쟁하며
속도 내어 질주했다

뒤돌아 볼 틈 없이
달리다 보니
변동 없는 종착지는

어느덧 코앞에

이제 와 돌아보니
느리게 걸어왔던

정겹던 오솔길이
그립고 또 그립다

신기순 시인

한국방통대 가정학과 졸업
한국방통대 행정학과 졸업
MBC 여성시대 2회 당선
고양시 백석동
바르게 살기 협의회장
원주여성문학인회 회원
문학고을 신인문학상 수상
문학고을 등단 시 부문
문학고을 등단 수필 부문
(2024년 제65회 1차 공모)
문학고을 최우수작가상 수상
청목문학상 (작가대상) 수상
전) 문학고을 강원지부장
현) 문학고을 부회장

가을 바다와 여인 외 2편

신현경

잊으려고 바닷가를 걸어가는
단단한 여인의 뒷모습이
내 마음속에 남겨졌다
누구를 파도에 새기는 걸까
왜 바다였을까
다가가서 묻고 싶었으나
여인의 몸짓이
접근을 허락하지 않았다
가을 바다 그리고
여인과 나
하나의 그림이 되었다

쑥

차디찬 바람
얼어붙은 땅
박차고 나와
발길 닿는 곳마다
다소곳 자리잡고
누군가가 올 것 같은
설렘 속에
지나가는 사람들
반겨주며
봄 소식 전해주는
반가운 너

바람 속 향기

차디찬 이별을 담고
서늘한 바람에
계절을 잊는다
철 지난 진달래가 비웃듯
우리의 사랑도 빛을 잃고
서럽게 울던
이름 모를 새
날 잊어버린
야속한 님에게서
머물던 향기
슬픈 독백처럼
그리움이 더해지는 향기

신현경 시인

1965년 강릉 출생
강원대학교 심리학과 졸업
보육교사 7년
현) 요양보호사 근무
중랑문학에 시 1편 실림
문학고을 신인 문학상 수상
문학고을 등단 시 부문
문학고을 최우수작가상
공저
문학고을 '종합문예지 청목' 다수

하늘엔 오뉴월 외 2편

안귀숙

파란 하늘가에
흰 구름이 미동도 없이 수를 놓았네요

오늘은 바람도
멀리 휴식 취하나 봅니다

모처럼 미세먼지 도망가고
청명한 하늘엔 오뉴월
따가운 햇살만이 제철 만났습니다

나른한 오훗 길입니다

밀려오는 졸음을
쫓기 위해 중독된
까만 커피만 홀짝거려 봅니다

노곤한 몸
가벼운 스트레칭으로
상큼한 기운 받아들이는 하룻길

세월아 진짜 너만 가고
나는 아직 못 다한 일이 남아

좀 더 쉬어가라고
구멍이 뚫린 문풍지 바르며
오늘도 그럭저럭 무탈하게 지나가는…

동행

그대와 나는
인생의 동반자입니다

나이가 들어가면서
외로움은 찾아오지만
함께 나눌 그런 사람이 없었습니다

당신과 나의 만남은
인생의 아름다운 벗입니다

지금까지 걸어오면서
쓸쓸함이 찾아오지만
나의 외로움을 나눌 사람이 없었습니다

우리는 이제부터
인생의 멋진 동행입니다

나이를 떠나서
사랑으로 행복을 찾으며
못 다한 사랑을 함께 나눌 사람입니다.

길

실타래 같은 세월

앞서간
이들이 가는 길
단절된 길이 아니라

우리가
걸어갈 때 길이 되고

앞서간 이들을
볼 수는 없으나

걸어간
흔적을 통하여
만날 수 있겠지

세월 모두
길 따라 떠나겠지

세월아
나를

서글프지 않게
이제 떠나지 마라.

안귀숙 시인

59년 안동 출생
솔농장 대표
제9회 희망봉광장 등단 시 부문
문학고을 신인문학상 수상
문학고을 우수작가상 수상
문학고을 고문

공저
문학고을 계간 '종합문예지 청목'
시선집 외 다수

반가운 봄 외 2편

안찬호

반갑구나
따뜻한 봄 햇살 한 움큼 쥐고
상큼한 봄 향기 한 움큼 쥐고
연두빛 봄바람 한 움큼 쥐고

이쪽저쪽 주머니 속에 봄으로 가득 채웠다.

매년 오는 봄이지만
올 때마다 다르게 찾아온 너는
반가운 봄

붉은 매화

갈라진 살결 틈새로
붉은 얼굴 내미는 보드란 꽃잎
애타게 춘삼월을 기다렸을 너는
긴 겨울 오돌오돌 떨며
흰 설이 꽃으로 맺힌 붉은 매화

저녁노을처럼 붉게 물들었구나

진달래꽃

봄 햇살 마실 나온 산골은
분홍빛 멍으로 몸살을 앓고 있다

누구일까?
분홍빛 멍들게 한 이가

너를 보러 찾아왔건만
한 잎 두 잎 봄바람에 춤을 추다
꽃자리로 내려앉은 분홍빛 멍

눈으로 보면 아플까 봐
마음에 담는다.

안찬호 시인

1964년 전남 신안군(천사의 섬) 출생
건축업 (형틀목공)
문학고을 신인문학상 수상
문학고을 등단 시 부문

물수제비 외 2편

염여명

언젠가 닿을 그곳을 향해 마음 하나를 던져놓았다

땅에서 떼어내 한 몸 되었다가
한 점 하늘이 되었고
한 마리 물 찬 제비처럼 튕겨 오르다
세상을 갈라놓은 경계선 너머
다시
땅과 한 덩이 되었다

마음 실은 물수제비
하늘과 강 두 벽 사이를 오갈수록
더욱 찰지게 다잡아보지만
한계에 다다를수록
퐁당퐁당 울며 허무하게 가라앉는다

고이 사라진 자리엔
동그라미 우두커니
거친 날숨처럼 퍼졌고
그 숨결 같은 물결이 퍼지는 동안
내 마음의 숨은 아직 붙어 있었다

어색한 마음들은
하나같이 돌을 집어 들었다
어디로든 던져야 할 숙명이라서일까?
물수제비 횟수는 살아온 자존심
하나 조용히 가라앉는 돌처럼
그 자존심은 곧 구겨질 것을
슬픈 현실 속으로 사라질 뿐이다

언젠가 닿을 그곳을 향해, 오늘도 마음 하나를 던진다

아메데오 모딜리아니처럼

타원형 얼굴은 그를 보고야 말도록 해
긴 목 때문에 일이 복잡해지고
동자 없는 눈은 영혼까진 팔지 않았다는,
에뷔테른을 만나기 전까진 말이야

영혼까지 알아야만 눈동자를 그릴 수 있어
그를 위해선
이 순간이 오지 말았어야 했지
정말 끝이라는 걸 알고서도
어쩔 수가 없었어
이성은 멈춰 서 버렸지

마지막 가는 순간에
동자 있는 눈을 남기고 떠나기로 해
그 눈동자엔 번뇌는 없어
열반에 든 노승의 안도는 아니더라도
모딜리아니는 미소를 간직했을 거야

살아가는 동안 살아있지 않은 느낌을 알아
지금은 아픈 것 같지 않은 추억들
선이 모호한 기억들도 언젠가 사라질 테지

가도 가도 저 먼 곳에 빛을 볼 수 없는 지금
빌린 무게가 더 무거워지기만 하는 오르막길
다들 같다면 고개를 가슴에 묻어

영혼을 팔지 않고선 동자를 가질 수 없을까

억지로 감기는 동자 없는 눈으로 희미해져 가는 병실 천장을 보고 싶진 않아
마지막 전이라도 동자 있는 눈을 가졌으면 좋겠어
마지막 순간의 모딜리아니처럼

사춘기

열여덟, 열아홉 내 청춘의 봄은 죽었다

여름, 가을, 겨울 그리고 여름, 가을, 겨울

형아는 대학병원 중환자실에서 죽음을 베고 누웠고
십여 년간 가세의 기울기도 매우 가파르게 누워버렸다

커다란 2층 단독주택이 있었던 코흘리개 시절
엄마가 미울 때마다
부러 지하실에 숨어 검은 연탄이 되어봤지만
아무도 찾지 않는 누런 연탄재였음을 알았다

사춘기는 사실 그때 버리기로 했다

열여덟, 열아홉 우리 집은 볕 좋은 남향이었으나
한 줌 빛조차 없는 캄캄한 지하실 같았다

너무나 익숙해진 혼자였던 그 봄 없는 계절들
두 손은 대입 문제집을 풀면서, 머리로는 인생을 풀고자 했다

이때 엄마는 한없이 가여웠다
가장의 무게를 겨우겨우 버티면서도 어찌 눈물 한 방울 떨구지 않으셨을까

대학병원 계단에서 봄 죽은 절망 앞에 처음이자 마지막으로 목 놓아 울었다

내 코에서 철 가루 냄새가 난다

열여덟, 열아홉 내 청춘의 봄은 이미 죽어 사라지고 없었다

염여명 시인

롯데쇼핑 슈퍼사업부 MD팀장
SV팀장, 물류운영팀장 역임
문학이력 :《한국문학예술》《문장21》
《문학고을》《미래시학》 시부문 신인상 당선.
시인뉴스포엠, 시산맥, 종합문예지 청목 등 작품 발표
이메일 : memozzang7@naver.com

따뜻한 봄 외 2편

오향숙

좁고 긴 골목길
구름다리 위에 서서
기도를 드리면
한 발짝 하늘에 가까워질까

봄 햇살은
가난한 지붕 흔들어 깨우고
어디로 가라고 재촉을 하시는지
담벼락에 기대어 꿈을 꾼다.

아득한 금빛 노을
검게 그을린 영혼이 싫거든
손을 내밀어 구원을 청하라
봄 바람이 다가와 속삭인다.

붉은 장미

연녹이 진녹되고
담녹이 청녹되어
이글거리는 열기에
땀방울 맺혀도
눈에 띄는 빨강 열정
정열의 꽃 피었다

서서히 무르익고
은근히 불타오르며
진푸른 원안에
푸르싱싱 가득 차올라
너도 나도 숨바꼭질
질주의 본능 솟구친다

너 살아있어 싱그럽다
나, 살아있어 세상이 소중하다
울타리에 기대어 부여잡고
빼꼼히 얼굴 내민
사랑스러운 장미가 있어
여름의 문턱이 황홀하다.

사계

바람이 불지 않았다면
꽃잎은 떨어지지 않았으리
흩날리며 방황하지 않았으리

담녹이 청록으로 커가며
청산녹수에 찾아든 제비는
서러워서 바람만 탓하지 않았으리

진정 서러워 독기 오르는가
순하던 태양 뜨겁게 이글거리면
바람은 구름 몰고 와 빗방울 때리네

지치고 약해진 생명
수마에 휩쓸려 떠내려가는데
추위에 꽁꽁 얼어도

대지에 숨은 어린 새싹
하얀 이불 뒤집어 쓰고
꿈나라에서 깨어날 봄을 기다린다.

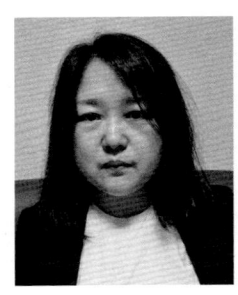

오향숙 시인

71년 충남 아산 출생
시학과 시 신인문학상 수상
시학과 시 등단 시 부문
시학과 시 정회원
프랑스 파이아트 컬렉션
시 부문 우수작가상 수상
공저
문학고을 계간 '종합문예지 청목'
시선집 다수
시집 『그리움을 넘어』 1집

청소학개론 외 2편

윤강용

까칠한 시멘트 위
짓이겨진 낙엽 한 장
바람에도 움직이지 못한 채
그 자리에 조용히 눌러 앉는다

오늘은 비가 오고
바람이 분다
기분이 젖고
마음도 젖는다

나는 빗자루를 든다
고객의 기쁨을 쓸어 담고
내 마음의 먼지를 털어내며
조용히 오늘을 닦아낸다

젖은 낙엽처럼
움직이지 않는 마음도
잠시 멈추어 바라보면
그 속에 작고 특별한 순간이 스며든다

나뭇잎 한 장 위에
나의 마음도 잠시 얹어둔다
그리고 다시 손에 빗자루를 든다

나는 안다
이 순간이 돌아오지 않음을
이 찰나라는 나를 닦고
누군가를 미소 짓게 하는 기적임을

초라한 오늘의 나일지라도
끝내 빗자루를 놓지 않으리
선한 청소부의 마음으로
세상을 가볍게 쓸어내리리

우울은 쓰레기통에 버리고
나는 나를 사랑하기로 한다
더 좋은 생각으로

더 맑은 마음으로
오늘을 청소한다

이것이 나의 청소학개론이다
진실하고 자유롭고
기쁨으로 가득한 이야기다

그림자의 기억

타이어 자국을 따라
분진을 쓸고
기름 자국을 밀어낸다

하얀 주차선 위에 터 잡은
말라붙은 커피 자국
검게 굳은 껌딱지

누군가 잠시 머물렀던
무수한 하루들이
조용히 떠나간다

지워야 할 얼룩과 함께
스치듯 오간 삶도
닦여 나가지만

완전히
사라지는 건
세월의 눈물

콘크리트 바닥에 스며든
기계음의 메아리
창에 맺힌 햇살

흔적을 지운 자리에
청소부에게 남은 건

말없는
젖은 발끝에 밟히는
그림자의 기억 뿐

짝짝이 고무장갑

가끔은 허락 없는 그리움
짝짝이 고무장갑의 주인

어울리지 않는 하루들이
한 손에 따로 쥐어진 듯
한쪽은 빨갛고
한쪽은 노랗고

묻지 않는다
왜 늘 짝짝이였는지

그녀는 말없이 쓸고 닦고
고개를 들지 않았다

어쩌다 보인 그 눈에 깃든 반짝임과
얼굴 가득 따뜻한 땀방울이
나의 시선을 교란한다

그녀가 떨군 한 방울의 땀은
상상하지 못한

기적으로
닦인 바닥 위에서
조용히, 매일 펼쳐졌다

이제는 알고 있다
왜 늘 짝짝이였는지

이제는 내가 선다
또 하나의 열정의 얼굴로

나는 짝짝이 고무장갑을 끼고
나의 하루를 시작한다

한쪽은 빨갛고
한쪽은 노랗고
그녀가 그리운 날이다

윤강용 시인

청소학개론 대표 (청소 컴퍼니)
어반아츠 프로젝트 기획자
(비영리 미디어 교육 단체)
브런치 스토리 작가
(나는 청소부로 살기로 했다)
문학고을 신인문학상 수상
문학고을 등단 시 부문

상사화를 보며 1 – 아내에게 외2편

이군호

그대가 나를 외면했다면,
저 꽃과 같았겠지요.
꽃대만 하염없이
우후죽순 마냥
길게 길게 더 높이 높이

그대가 나를 거절했다면,
저 꽃과 같았겠지요.
이파리 한 장 낼 겨를없이
그대에게 읍소하는 사랑인 양
연분홍 꽃 한 송이 한 송이

그대가 나를 끝내 외면했다면,
저 꽃과 같았겠지요.
애달픈 꽃잎은 뚝뚝
길게 뽑은 꽃대는 풀썩풀썩
떨어져 내리고 주저앉았겠지요.
매년 그러고 있겠지요.

상사화를 보며 2

꽃이 떨어지고
꽃대가 무너진 자리에
잎이 돋기 시작하더니
의연한 군자란 같다.
겨울 한파도 오롯이 견딘다.

오늘은 차가운 겨울비가 내리고
이파리가 젖는다.
빗물은 이파리를 타고 주르륵 흐른다.

그대가 나를 끝내 외면했다면,
저 잎과 같았겠지요.
매년 이러고 있겠지요.

딸아이를 시집보내고

'어허 참, 어느새!'

'허어 정말, 시집간 겐가!'

'흐유~ , 그래 시집갔지!'

아기새가 떠난 빈 둥지에
덩그러니 남은 사진,
서랍장 위에 놓인 사진을 물끄러미 보고 섰다.

"여보, 그 방에서 뭐 하세요?"

"아니, 뭐 좀 찾느라고 –"

방을 나오며 마누라를 바로 보질 못한다.

이군호 시인

1961년 4월 출생
부산대 국어국문학과 졸업
울산 성광여자고등학교 국어 교사로 퇴직
하동 노량으로 이주
문학고을 49회차 공모전에서 「엄마의 장맛, 손절된 돌절구」 시 부문 당선 등단.

쑥스러운 쑥쑥이 외 2편

이세미

얼굴이 붉게 물들어
행복한 홍당무

토끼가 오지 않기를
두 손 모아 눈감고
기도한다.

길가에 햇빛이 쑥쑥이를
환하게 비춘다.
나만

옆에 있는 쏭쏭이도
비가 와서 눈물이
흐려졌다.

나는 하늘 높이 솟아올라
세상을 큰 눈으로 보았다.

토끼도 나를 택했는지
나도 모르겠다.

하늘을 보니 내 얼굴이
쑥스러웠다.

영원히 잠들었다

아기와 자지러지게 울고 있다.
땅속은 깊었고 작은 아이는
아무것도 모른 채 울고 있다.

어미는 아기 입을 틀어막아 보지만
헛수고였다.

그때 총이 그녀의 가슴을
핏빛으로 물들었다.

아기의 눈망울도 눈물처럼 울었다.

상대 군인은 아기를 보며 눈빛이 흔들렸다.

환하게 웃던 아기는 울다
영원히 잠들었다.

장옥정 궁녀의 삶

머릿결은 땅에 다소곳이 닿고
웃음은 여유로웠다.

사랑스럽고 내 아들을 낳아준 참 고마운 사람

네가 아파 병이 들어도 사랑할 줄 알았다.
알고 보니 사랑은 스스로 바람을 피운다는 걸
이제 알았다.

고운 얼굴이 푸석거리니 마음속 눈물이 한이 되어 서리가
꼈다.

이세미 시인

87년생 전주 거주
기전대학교 사회상담학과 졸업
사회 복지사 2급
문학고을 신인문학상 수상
문학고을 등단 시 부문
공저
문학고을 종합문예지 청목 외 다수

분홍 무궁화의 눈물 외 2편

이세종

그가 방문을 열고 들어오면
개망초가 되어 노란 웃음 지으며
활짝 피어 있었지요.

지난밤 미친개가 되어 물어뜯고 짖으며
천지 분간 못 하고 때려 부순 살림이
앞마당에 널브러져 있고
가재도구가 나뒹굴어 있어도

술이 깨면 기억을 못 하는
그를 위해 콩나물국을 끓였지요.

술 없는 날에는
빨래도 널어주고 장독도 옮겨주고
장작도 패주며
달걀도 몰래 삶아주었지요.

장에 가면 꽃핀도 사다 주며
내 손을 잡아주던
그를 위해 하얀 분을 발랐지요.

큰딸 미경이를 돈 벌어 오라고 공장에 보내고
큰아들 철희를 매질하며 엄마 찾아오라고
대문 밖에 내보내고

작은아들 작은딸 꿇어 앉혀 놓고
밤새 잔소리하며 술을 마시는
그를 위해 아궁이에 군불을 지폈지요.

그가 오늘 방문을 열고 들어오면
분홍 무궁화는 한없이 울을 테요.

태양을 끌어안는다

힘들고 속상하면
엄마한테 전화한다.

그리고 "엄마 나야" 하면
엄마가 "밥 먹었어?"라고 물어본다.

그럼 나는 금방 기분이 좋아진다.

그리고 나도 물어본다.

"엄마 밥 먹었어?"
그럼 엄마가 대답한다.

"어." 한마디 한다.
"밥 꼭 챙겨 먹고 다녀."

이 말을 가슴이 들으면
영롱한 빛이 봄을 깨우듯

눈에서 꽃잎이 떨어지며
꽃길을 밟는다.

"엄마 저녁에 갈게" 하고
전화를 끊고
가볍게 일상에 스미며
태양을 끌어안는다.

강진만이 내어준 탕 한 릇

살랑살랑 흔드는 너는
나를 보고 웃는 게냐
님을 보고 웃는 게냐

겟게밑치 당신은
보라색 웃음 띠며
누굴 유혹하는 게냐

온몸으로 머드 하는
짱뚱어는 반들반들
피부에 째진 눈

잘 스민 진흙에
칼칼한 탕 한 릇
너야말로 최고의
보양식이로다.

이세종 시인

군장대, 원광대 사회복지학 겸임교수
전주비전대학교 건국사이버평생교육원 교수
익산장애인권익문제연구소 대표이사
사단법인 새해밀 센터장
2023년 문학고을 시 부문 신인문학상 등단
2023년 영광21신문사 불갑산상사화축제 입선
문학고을 9,12,13,14,16,17 시선집 출품
문학고을 우수작가, 최우수작가상 수상

삭정 가지 외 2편

이윤지

혈관의 피가 끓어
앓는 소리로 넘침을 제어한다
주어진 생명 주머니 끌어안고
칼바람 부는 고개를 넘는다

신열에 시달리다
삭정 가지가 떨어져 나가고
겨우 병마에서 벗어나
살아 있음을 느낀다

어린 기도로 구제받은 동심이 있었다면
살아 있는 죄목을 회개하긴 이미 늦었다
이제 헝클어진 마음 정리하여
내려놓는 연습을 해야 할 것 같다

잠근 빗장

열쇠 구멍에 밤이 오면
내 옆자리는 비었고
켜켜이 쌓인 기억이 떠돌다
빈 흔적에 내려앉는다

이런 밤은
어슴푸레한
형체조차 없던 것들이
연달아 따라온다

붙잡고 싶었던 그리움
매달리고 싶은 욕망
박탈 모멸 증오…

그냥 외롭다
휘둘리지 말자고 늘 최면을 건다
잠근 빗장
더 굳게 채워본다

무쇠솥 눈물

내 어버이
붓끝에 세월 잠재우시던 때
자유로운 영혼 따라 떠돌다
그리워 찾은 곳

뒤돌아보면
장유유서가 뒤집힌 세월에도
옛 추억
고스란히 안고 있는 그 집

절박한 그리움도
애타는 기다림도 없는데
싸늘하게 식어버린

마음 데우는 무쇠솥 눈물
추녀 끝
맴돌다 사라진다

이윤지 시인

경주 출생
대구과학대학 사회복지상담학과 졸업
사) 한국인성예절교육원 인성예절지도사
사) 한국인성예절교육원 차문화연구소
연구반 활동중
문학고을 신인문학상 수상
문학고을 등단 시 부문

결혼 외 2편

이윤호

우연이 필연되어
우리 서로 맺어지듯

필연은 우릴 묶어
장구한 세월 함께 하네

좋은 정 미운 정 못 볼 정
쌓이고 쌓이면

세월 앞에 장사 없다
무디고 무딘 칼날되어

서로에게 비수를 겨누지만
헛되고 헛되도다

살아온 시간 앞으로 함께 할 시간
모든 시간은 우리의 추억이요 인생인 것을

미운 정 고운 정 다 가지고
저 세상이 이 세상이듯
평생 복락 함께 누려 보세

바다

태곳적 신비 대자연의 향연
바다는 모든 걸 차별 없이 품지

또, 모든 건 바다에 의지하지
바다는 우리 모두의 고향이요 안식처

때로는 잠잠하다 때로는 거센

풍랑이 일어 우리를 위협하지만
언제나 우리는 바다에 의지하여 살아가네

먼 배가 기쁨의 수확을 싣고 들어오면
덩실덩실 춤을 추지
바다는 경외의 대상이자 또 더불어 살아야 할
우리 삶의 터전

작은 배에 몸을 싣고 수평선 넘어
바다를 향해 노를 저어 본다

때마침 우리를 맞이하듯 고요하게 되었네
바다야 바다야 언제나 우리 함께 하자

오늘도 어김없이 나는 바다에 나아가리

나무

나무는 늘 거기 서 있네
거센 폭풍우가 몰아쳐도
모진 눈보라가 휘날려도

누굴 탓하거나 원망하지 않고
슬퍼하거나 기뻐하지도 않고
자랑하거나 우쭐대지도 않고

나무는 늘 그곳에 서 있네
오늘도 내일도 모레도 글피도
봄 여름 가을 겨울 마다하지 않고

늘 열매를 맺고 나뭇잎은 무성하지
가을에 잎사귀는 떨어지나 이듬 해엔
반드시 꽃을 피우지

변함없이 변함없이 한곳에서만
자라나고 그곳에서만 죽음을 맞이하지

우리는 늘 변해가서 나무의 덕을

따라가지 못하지만 그 절개만은
받을 수 있지 않을까

오늘도 나무는 그저 그 자리에
변함없이 묵묵히 서 있을 뿐이라네

나무가 모여 울창한 숲을 이루듯
우리도 모여 좋은 세상 만들어 보세

이윤호 시인

1973년 서울시 영등포구 도림동 출생
1992년 2월 서울 관악고등학교 졸업
1992년 3월 서경대학교 경영학과 입학
1993년 11월 공군 현역 입대
1996년 4월 공군 현역 제대
1997년 3월 건국대학교 응용통계학과 편입학
1999년 8월 건국대학교 응용통계학과 졸업
2000년 1월 ㈜파워넷 입사
2002년 3월 ㈜파워넷 퇴사 및 ㈜인프론테크놀로지 입사
2003년 2월 ㈜인프론테크놀로지 퇴사
2005년 2월 광명시청 행정직 9급 공무원 임용
2016년 7월 행정직 7급 공무원 승진
2023년 1월부터 현재까지 광명시차량등록사업소 근무
문학고을 신인문학상 수상
문학고을 등단 시 부문

낮은 곳에서 외 2편

이지선

하수도처럼 낮은 자리에서 더러운 숨을 마신다. 퀴퀴한 얼룩이 있는 구석에 앉아 갉아먹는 것은 누군가의 뜨거움. 모두 죽어버린 열정들이 시체처럼 움직일 수 없을 때 나타난다. 쥐처럼 날쌔고 벌레처럼 스멀스멀 다가오는 그림자. 떨어진 마음을 돌이킬 수 없다는 듯 눈을 감을 때 나타난다. 실눈을 뜨고 가만히 들여다보면 바들바들 떨고 있는 꿈이 부서질 듯 요동친다. 조각조각 엉켜진 마음의 끝에 연결된 것. 불안한 저 눈빛에 걸었던 청춘. 나는 이제 무엇을 걸 수 있나. 끝없이 펼쳐지는 더러운 하수도의 역한 냄새가 진동한다. 한 길을 향해 가던 바스러진 꿈의 떨림이 손을 떠나도 살아있다. 잊고 싶었던 이름들이 악착같이 몸에 붙어 돋아난다. 엎드린 몸을 자꾸 일으킨다.

총소리

공무원이었다
독립서점 사장님이었다
동네 주민들이었고
에어컨 기사였다.

동네에 서점이 들어온다는데
소문은 이득을 원하는 자들의 먹이
득실거리는 진딧물처럼 빠르게 퍼진다

한 여름 마을의 물 한 방울도 뺏길 수 없다
흔하고 평화로운 오래된 마을에 외부인이 온다

공정한 재판대에 오른 외부인의 눈을 가려도
눈에서 눈으로 번져지는 겨냥된 손가락

들리지 않은 총소리가 난다
보이지 않는 총이 날아다닌다
어느 누구도 거침이 없다

하지 못한 말

숨겨 놓았다. 다리가 너무 저려서
말짱하게 걸을 때마다 어긋날 것 같은
뼈마디 같은 말을 삼켰다
분명 숨 쉬며 사는 오늘인데
가끔은 숨을 쉬는 방법을 잊었다

바닥보다 더 낮은 곳이 존재하는 어딘가에서도
숨소리가 들렸다
살고 있었다
굳이 파 보지 않는
흘깃 눈길도 서둘러 도망치는
혹여 나올까
한 번씩 밟아버린 땅 위에도 새어 나왔다

바르게 걷다 어쩌다 절뚝거릴 때면
아픈 발을 구르며 욕을 했다
죽였다. 가슴이 너무 아파서.
버렸다. 어깨가 너무 무거워서
도망치는 발자국이 어지럽게 찍힌 오늘,
그리고 오늘 그렇게 쓰러졌다

이게 나일 리가 없어
온몸에 두드러기처럼 퍼지는
간지럽고 마비될 듯 저리는 이야기들
저대로 두어도 괜찮다며 외면했던
시간만큼 낮은 곳의 이야기들

어떤 것도 자라지 못한 채
썩어버린 냄새가 숨소리와 함께 올라온다
두려웠다. 자꾸만 어려서
가난했다. 미치도록 가벼워서

변명을 술병처럼 던지며 잠들어 가는 나를
가장 경멸한 건 나였다
오늘도 제대로 걸을 수 없는 몸을 일으키며
가장 높은 땅을 밟는다

한번 꺾여도 괜찮을 익숙한 발을 신발에 집어넣으며
한겨울의 심장을 함께 끼워 넣는다

평생 하지 못할 수도 있을 말을 가진 사람들은
모두 가면의 신발을 신는다

평생 하지 못할 이야기를 가진 사람들은
버려진 이야기와 마주친 우리가
외면해야만 했던 그 순간을
우리는 가장 아름다웠던 시간에 떠올린다

울먹이는 이야기를 가장 낮은 곳으로 끌고 가
아무도 모르게 묻어 버린 우리는
그 가장 높은 곳에서 그들을 밟으며
죽지도 않는 그들이 돌아올까 두려워
가장 높은 땅을 만든다

가장 슬픈 무덤을 지켜 낸다,

이지선 시인

2022 문학고을 신인문학상 시부분
2022 문학고을 최우수상
2022 〈모퉁이가 있다〉 시집 출간
2023 부평구문화재단 시소 입주 작가 (창작부분)
2023 연희동 문학창작촌 12월 입주 작가
2023 〈내 마음이 지옥 같아서〉 시집 출간
2023 인천시 신진예술인 시 부분 선정
2024 문학고을 청목문학상 (작가대상) 수상
현) 문학고을 등단 심사위원
〈저서〉
2024년 신작 환타지 소설 '서점마계' 출간

땀을 그리는 어머니 외 2편

이현숙

맑은 하늘에 그림을 그리듯
한 땀 한 땀
마음의 수를 놓아 보아요
지나온 세월에
흘리던 땀은
이제 추억으로 한 땀씩 새기고
세상 끝으로 가는 길에
무지갯빛으로
조금씩 전해보아요

화려한 땀을
치마폭에 담으려
무릎은 쪼그려
토끼걸음으로 종종
수없는
호미와 곡괭이로 밭갈이를 하였던
손에 땀을 쥐어 보아요

거칠었던 손가죽이 찌글거려도
이마에 새긴 골이 깊게 파여도
이 내 맘 깊은 곳에 누워있는 이들과

출렁되는 심장 한구석에
한 땀 한 땀씩 심어보아요

그리움에 빠져든 발

발을 내디딥니다
오늘은 모래밭입니다
모래사장을 걸으며
붉은 햇빛을 뒤로한 채
웅덩이에 발자국을 남겨요
그리고 계속 걸어보아요
기분이 좋아 백사장에 마음을 태워 봅니다

갯벌에 빠져
그냥 걷기도 해요
그리움을 쏟아대는
조개의 몸을 만지고
꿈틀거리는 꿈의 낙지를 찾아
어떤 행복을 찾으려는지
망태기에 담아봅니다
두 발에 물을 담게 되면
오늘을 잊은 채
붉은 노을에 빠져 봅니다

내일은 아스파트 길을 간다고 다짐해요
마음에 발을 내리고

구름 사이로 들어오는 빛을 받아
잠깐이라도 행복함을 느끼며
겪어본 세상이 아닌 다른 길
포근한 마음도 뿌려봅니다

또 세상에 넘어지지 않으려
마음에 수를 놓고 버리기도 하죠
그리움을 떠나보내기 위해서

바다내음 한 모금

펼쳐진 바다

물 한 모금
쪼아먹는 물새
물보라 위에 스키 타는 갈매기
수평선에 매달려 있는 붉은 태양은
떠나기 위해
바닷물에 몸을 푹 담그었고
새벽이면 붉어진 몸을 내보입니다

살아있는 바닷속에 여는
누구를 바라보고 있는지
얼굴을 보였다 사라지곤 합니다

피어오르는 물거품에
신나게 노는 돌고래의 물보라
더는 어쩔 수 없어
석양에 스며들고 맙니다
내일을 위해

이현숙 시인

1960년 서울 출생
김포 문예대학 문예창작과정
제22기 졸업
문학고을 신인문학상 수상
문학고을 등단 시 부문
문학고을 최우수작가상 수상
현) 문학고을 자문위원
공저
문학고을 계간 '종합문예지 청목' 다수

찔레꽃 외 2편

임성환

찔레꽃 가시가지에
가슴 아픈 그리움으로 피어난
처절하게 하얀
꽃봉오리 하나
그늘 속에서 빛난다

숨어 핀 꽃잎 마디엔
슬픔의 눈물 구슬처럼 맺히고
애오라지 지쳐버린 기다림을
숲 속 어딘엔가 감추어둔
상처 가득한 가슴에 묻는데
슬며시 지나던 바람
가지 끝에 걸려
스스로 숨을 멈춘다

바닷가 언덕의 사찰

해풍 가득한 날
하얀 송화가루 날리는
바닷가 산중턱
붉은 홍가시나무 늘어선
언덕을 오르면
어릴 적 친구의 작은 절이 있다

방황하던 젊은 날
속진俗塵에 때묻은
어지러운 마음 가벼이 던져두고
스스로 잊혀져버린
아득한 세월 너머
산 자와 죽은 자 사이에서
이승과 저승을 순환하는
무명無鳴의 목탁 소리
지나는 바람 한 줄기에
실어보내고 있으리라

허몽虛夢같은 시간 지나고
절간 빈 마당에

풀꽃내음 들어차면
산문을 나서는 범종 소리
먼 바다를 향하고
회상의 섬을 지나온 갈매기 떼
보라빛 석별(惜別)로 울리라

산 길을 가다가

산 길을 간다
어린 풀꽃 흔들며 지나는 낮은 바람
푸른 빛 채워가는 언덕을 타고 오르고
살 터진 상수리 나뭇가지엔
어린 하늘 다람쥐 한 마리
온 몸으로 햇살을 받고 있다

가지 사이를 유유히 흐르는 하얀 구름
잊혀진 시간들을 실어오고
흐드러지게 핀 산철쭉의 연붉은 미소
기억 저편의 누군가를 닮았다

넋놓고 걷다가 놓쳐버린 산 길
풀벌레 울음소리만 요란하다
생성과 소멸의 무수한 길
어차피 길 끝에서는 하나인 것을
어지러운 마음 숲길 어딘가에 내려놓고
풀밭에 몸을 던져
이름 모를 풀꽃에 눈을 맞추며
나도 들풀되어 눕는다

시간도 사념도 멈추어 섰다

임성환 시인

53년 부산 출생
홍익대학교 대학원 광고디자인학과 졸업
단국대학교 대학원 응용미술학과 수료
문학고을 등단 시 부문
문학고을 신인상
문학고을 최우수작가상
청목 15, 16, 17, 18호 시 부문 참여

운문산 석골폭포 외 2편

임영신

유월의 신록이 긴 고해성사를 한다
툭툭 떨어진 산벚나무꽃들 이별의 몸짓으로

눈 맑은 산짐승이 토해놓은 눈물 한 줌 더하여
외로이 쌓인 돌무덤 웅얼거림도 보태어

유월의 신록이 휘이이 휘파람 소릴 낸다
덩달아 소쩍새 떼울음 공중제비로 휘돌고

초록 연두가 우루루 몸을 던져
폭풍같은 함성 찬란한 무지개로 쏟아놓는다

유월의 신록이 긴 이야기책을 펼친다
석골사 비구스님 아랑곳없이 낭랑한 독경소리 따라

죄없는 여름산이 하안거夏安居에 든다
흩어진 옷자락 가만히 그러쥐고

나리꽃이 피는 계절

하늘을 보고 핀다고 이름을 하늘이라 짓는다면
하늘 아닌 게 없고
땅을 보고 있다고 이름을 땅이라 짓는다면
땅 아닌 게 없는데

나리꽃은 이름도 많다
하늘나리 땅나리 중나리 말나리 참나리 솔나리
털중나리 흰솔나리 섬말나리 하늘말나리
이름이 무어라건 알 바 아닌데

누구는 하늘을 보고 있다 하고
누구는 땅을 보고 있다 한다

눈을 들면 지척에서 순한 것들이
하늘 향해 고개 들어 단심가를 부르고

무심히 지나쳐 와 뒤돌아보면
향그러운 지순至純으로 고개 숙인다

나리꽃이 무성한 산그늘에서
하늘도 아닌 땅도 아닌
들꽃같은 내 사람을 그리워한다

그대 아는가

그대 아는가
칠월의 숲에선 누구라도
알몸이 부끄럽지 않다는 걸

꼭꼭 숨어 붉게 영근 산딸기도
우수수 쏟아진 산뽕나무 열매 주워먹다 지쳐
숲그늘에 감추어논 산짐승도

칠월 햇발 아래
눈부신 벌거숭이

그대 아는가
칠월의 숲에선 참으려 참으려 해도
참을 수 없는 웃음소리가 난다는 걸

숨으려 숨으려 해도
금방 들키고 마는
달디 단 초록의 내음이 난다는 걸

임영신 시인

울산광역시 거주
현) 밀양우체국 근무
문학고을 신인문학상 수상
문학고을 등단 시 부문
문학고을 신인문학상 작가대상 수상
E-mail : yslim513@naver.com

사랑이 무엇인고 하니? 외 2편

임정숙

사랑은 받는것이 아니라 주는 것인가예?
언제나 저울질을 하실려거든 사랑을 포기하세요

가시 있는 장미를 손끝으로 만지면 찔리듯이
내 것으로 만들려다 보면
쉬이 상처를 입을 수가 있어요
그런대로 사랑을 하시려구요

늦은 사랑은 늦은 채로
언젠가는 그대에게 다가올 것이니
조급하게 그 사랑을 재촉하지 마시어요

사람을 사랑하다 보면
너무 외로워서 아프거나
가슴에 시퍼렇게 멍이 들고 긴긴 밤에 베개를 적시는 사랑이 있다면
줄 수 있는 사랑이 있어서 행복한 것이라 생각하세요

사랑을 하다 보면
쓸쓸하게 뒤돌아서서
눈물을 감추는 건 다반사이니

그대 사랑에 너무 가까이
다가가지 마시어요

언젠가는 그 사랑이 늦은 첫눈처럼 우리의 가슴 위로
소복하게 내려앉을 것이니
사랑의 무게를 감당할 수 있는 그 사랑
그리고
주는 것이 받는 것보다
훨씬 가볍다는
사랑이기를…

인생

내 삶의 전부는
열정이었다

태워도 태워도
다 타지 않은
내 삶의 열정은
끊임없이 솟아나는
내 속의 욕심의 우물이었다

내 삶의 반은
진실이었고
내 삶의 반은
거짓이었다

봄이 가고
여름이 왔는 데도
내 인생의 우물은
아직도 말라가고 있다

차라리
인생의 반은

거짓으로
채워진다 해도
그 우울의 깊이만큼
자신을 속이고
타인을 속이고

내 삶이 그러하다

계엄이 어둠을 빼앗아갔다

군인이 총을 든 계엄의 시간이 지나가고
어김없이 봄이 왔는데도
여전히 거리는 위독하다
한반도 한쪽에서 산불이 나고
도로에는 구멍이 뻥 뚫리고
먹고 살기가 힘들어서 일가족이 죽었다
그토록 기다리던 봄이 왔는데도
거리에 빛의 혁명으로 사람의 머리수 만큼 꽃가루가 날린다
꽃이 거리에 휘날려도
사람들은 겨울을 물리치지 못하고 진절머리 난 듯
마스크를 낀 사람들이 지나간다
또 한 차례 바이러스의 오염으로
봄인가 그래도 봄인가
탄핵은 끝났고 갈라진 벽은
도무지 아물지 않는 봄인데도
바람이 분다

우리는
어디에도
닿지 않은
분노의 바다로

계엄이 끝나고
탄핵이 되어도
꼬리에 꼬리를 무는
세상의 소음에
빛의 혁명 희망봉이
어둠속에 반짝반짝인다
봄이 가고
여름이 오고
시대가 가고
바람이 분다

임정숙 시인

65년 경남 밀양 출생
부산 금정구 마을 문화기획가
향토 이바구꾼으로 활동 중
문학고을 신인 작품상 수상
문학고을 시 부문 등단
시집
 '꽃이 진자리 다시 보는 금정 이바구'
공저
문학고을 시선집 다수

인생 외 2편

정석호

맨주먹 두 손으로
세상에 던져졌다

내 어린 시절
늘 모든 게 부족했던 기억은

시간의 그림자로 지쳐 가고
빛을 향한 조용한 걸음걸음
부모님은 풀잎 이슬 사이를 지나
시지프스의 형벌 같은 바위를

자식들만 생각하며

은하수 쏟아지는
하늘 바라보며

밤늦도록 굴리고 또 굴렸다

계절의 변화는
빛보다 빠르고

이제는 마른 낙엽 되어
시간의 가지 위에 걸려있다

오늘 저녁 올려진
따뜻한 밥 한 공기 뭇국 한 그릇

사진 속 사랑스러운 미소로
바라보는 부모님과
함께 할 수 있어서

행복하다

창 너머 올려본 하늘엔
은빛으로 빛나는 별 하나

별똥별 되어 지나간다

소리 없는 절규

산골 오솔길 걷다 보니

귀가 시릴 만큼 거침없이
흐르는 물소리

그 옆 속 빈 강정처럼
누워있는 소나무

너는 공
나는 허

한 세월 너의 고단했던
억겁의 시간 뒤로 하고

너의 설움 비구름 되어

저 산을 쉬엄쉬엄
넘어가는구나

한평생 하늘만 바라보며
바위처럼 움직임 없던 망부석

깊은 어둠의 터널로 뿌리내렸던
고단한 세월 원망하며

칠흑 같은 깊은 슬픔

조용한 눈물 되어
나의 가슴에 메아리로 흩어지는구나

이제는 가장 높이 나는 새가 되어
저 한숨 같은 깊은 산골짜기

훨~훨~

쉼 없이 날아가려무나

산골 오솔길을
쉬엄쉬엄 쉬었다 내려가련다

끝없이 흘러 지난 세월
생각하며 이야기하며

혼밥

오늘은 주말

말없이 들어선
분주한 식당

사랑스러운 연인들

짧은 치마
예쁘게 화장한 얼굴

풋풋한 젊음
여기 방긋
저기 방긋
보름달로 환히 비추는구나

서로 주고받는
첫눈의 설렘 같은 하트들

방울방울
허공을 오르고

울려 퍼지는
추억 하나, 둘, 셋

의미 없는 잡담들
새하얀 탁구공 되어

나의 가슴에
핑퐁 핑퐁
검은 멍울지게 하네

여기저기 소음으로 들려오는
사랑의 메아리 피해

언제나 맨 구석
뒷자리
조용히 앉아서

행복한 연인들
밝은 표정

밝은 얼굴

멍하니 바라보다

점점 작아지는
내 얼굴

정석호 시인

LG CNS
34년 근무(입사 ~ 정년퇴직) - 부장/책임
LG산전 전산실 - 10년 근무(창원 공장)
서울 본사 -24년 근무(최종 근무지- 마곡 LG사이언스 파크)
LG CNS 재직(수행 내역)
개발자
MRP System Maintenance 및 시스템 개발 Unix, Linux 시스템 프로그램 개발
시스템 성능테스트 도구 개발(OS, WEB, WAS, DB 모니터링)

시스템 구축(SI) Project 수행, 시스템 성능테스트 전문가
시스템 구축 Test Manager, LG CNS 기술 대학원(전문강사)
LG CNS 테스트관리자 과정(최초 개발), LG CNS 테스트관리자 과정(강의)

저서
시스템 통합모니터링 도구 사용 및 활용법
성능테스트 스크립트 작성 가이드
정년퇴직 후
시스템 성능테스트 프리랜서(Freelancer)
문학고을 신인문학상 수상, 문학고을 등단 시 부문

산 꽃 마을 외 2편

정선녀

그 옛날 소녀가
꽃밭에 앉아 아기처럼 웃고 있다

춤추는 벌 나비꽃들이 시들세라 날아갈 줄 모르고

아카시아 꽃내음처럼 봄바람이 모란 향 지펴 주니

비 구름도 어디론가 흩어져
빈 하늘 낮 빛이 샘물처럼 맑다

덩달아 키를 세운
청초한 풀꽃들
저들 만의 미소로 살랑이니

봄 빛 향기가 아지랑이로 피어난다

상사화

실 바람 밀려오는 어느 봄날

은은한 차 한 잔에 옛이야기 풀어놓고 행복한 웃음소리
문 밖에 넘칠 때

아버지가 심어 놓은
한 무리의 꽃 무릇
아련한 꿈같아라

책 속 깊이 간직한 엄마의 사진을 멍하니
바라보시던 아버지의 애련한 마음

오밀조밀 피어난 꽃잎에 호랑나비 한 마리 사뿐히 내려 앉아 연꽃 같은
향기로 상사화되어 홀연히 피었다 떠난 당신

소롯한 그리움 목련 꽃처럼 남겨 놓고 피어난 붉은 꽃
한 아름

광한루의 봄

앙상한 가지 끝에
움츠렸던 꽃무리가
산 머리 넘어온다

모과 꽃 빛 입술에
고은 옷 여미고 시인들과 광한루를
들어서니

흐드러진 연 초록 나무에 햇살 바람 한가로워 찰랑거리는
잉어떼

물 위에 노니는 원앙새
앙증스런 몸짓으로
재롱을 부린다

사랑 타령 이도령
춘향이가 부러울까

달덩이 같은 꽃등 가슴에 물들이고

그네 뛰듯 일렁이는 이 마음 오작교
완월정에 올라 보니

은하수 연못 하늘빛이라

움트는 내 가슴 시향기로 꿈틀대는가
한없이 여울져 가야금을 퉁긴다

정선녀 시인

전북 장수군 출생
남원교육문화회관 문예창작반 수료
남원시 춘향 문학회 회원
문학고을 신인 문학상 수상
문학고을 등단 시 부문
공저
문학고을 '종합문예지 청목' 시선집

배나무 꽃잎이 질 때 외 2편

조민교

봄 한가운데 싱그럽게 늘어진 푸르른 잎사귀들

흩뿌려지듯 떨궈진 하얀 꽃잎을 바라보며

탐스럽고 아삭한 열매를 맺을 거라고

세상 속에 살랑거리며 속삭인다

하늘 향해 뻗어나는 가지는

아직 목마른가 보다

새야 날아와

놀거라

거북이 등껍질

딱딱해져 버린 어깻죽지
두껍게 변한 엄지발톱
대칭으로 갈라진 가죽 주름

오랜 세월 갑옷을 방패 삼아
몇 번의 심해를 건넜던가

고유의 무늬를 깊게 새기며
울퉁불퉁한 구만리 길을
천천히 그리고 부지런히
그렇게 한세월 살아왔나 보오

바다와 육지를 오가며
보석같이 빚어진
거북이 등껍질

그렇게 한세월 빚어왔나 보오
그렇게 한세월 흘러갔나 보오

세월의 무게를 견뎌온 거북이 등껍질

하나뿐인 히어로

되돌아서
가파른 계단을 내려가는
당신의 모습이 아련해

애처로워
눈을 뗄 수 없을 만큼
위태위태한 한 걸음 한 걸음

구멍 뚫린 장갑을 끼고
만 원짜리 가방을 메고
가득 담아오신 세모난 커피 우유

따뜻한 온기를 두고
인자한 사랑을 주고
한평생을 살아오신 아버지

말하지 않아도 나는 알 수 있어요
나를 생각해 주는 그대의 마음을
부르지 않아도 항상 나타났었죠
당신은 나의 하나뿐인 히어로

추억이라 부르기엔 너무 아까운 시간들
남은 시간이 얼마나 될까요
보고 있어도 그리워지는데
못 보면 얼마나 더 그리워질까요

애틋해 자꾸 눈길이 가네요
애타게 자꾸 시간만 가네요

조민교 시인

1982년 서울 출생
작곡가 겸 음악 프로듀서
레인아트풀 주식회사 대표
문학고을 신인문학상 수상
문학고을 등단 시 부문

자동차 운전 외2편

최근용

출발과 정지는
천천히입니다

차간 거리는
안전입니다

양보는
배려입니다

방향 지시등은
예의입니다

병목 구역은
인내입니다

일단정지는
의무입니다

신호등은
약속입니다

끼어들기는
방해입니다

추월은
바쁨입니다

과속은
위험입니다

눈 비 올 때는
감속입니다

비상등은 조심 미안 감사입니다

목적지에 도착할 때까지
오늘도 안전운전입니다

사랑의 어머니

오직 자식 잘되기를 바라는
바람 하나로 살아오신 세월

그 가르침 따라
지금도 바른길을 가고 있습니다

어머니의 사랑으로
저는 모든 행복을 누렸고

지금은 저 스스로 살아갈 수 있는
밑거름이 되었습니다

모든 삶을 저에게 주신 어머니께
이제는 제가 은혜에 보답할 때입니다

늘 건강한 모습으로
오래도록 제 곁에 머물러 주세요

사랑합니다 언제나 어디서든
영원한 천사 나의 어머니시여

일주일의 맹세

월요일은 월권하지 않는 날

화요일은 화내지 않는 날

수요일은 수시로 점검하는 날

목요일은 목표를 세우는 날

금요일은 금주하는 날

토요일은 토론하는 날

일요일은 일정을 검토하는 날

그리고 일주일 중 가장 기분 좋은 날은
사랑하는 이에게 안부 전화하는 날

최근용 시인

강원 횡성 출생
삼성전자 근무
우리 무역 대표
문학고을 신인문학상 수상
문학고을 등단 시 부문
공저-
『종합문예지 청목』 다수
삼행시 꽃 피었습니다
현) 문학고을 감사
현) 문학고을 경기지부 부지부장

홍장미 외 2편

최해영

막막한 도심 속에서
급급한 좌와기거로
찌든 마음까지 달랜
로맨틱한 장미 물결

색다른 멋 치장하며
내뿜은 향긋한 내음
우아한 자태 뻐기는
올망졸망 동무한 꽃

솔솔 부는 바람새에
서로 가까이 사귀듯
흔들대며 애무하는
사랑스런 빨간 장미

수성대

덕유산 만고의
시원림 감싸며
한세월 굽이굽이
구천 번 헤아린
무주 구천동 계곡
한참 흐르던 물

바위 만나 돌다가
물구덩이 만나면
채우다 흐르고
높낮이 있으면
낮은 곳으로 흘러
요리조리 도는 물

기나긴 감내로
낭떠러지 깎아내어
휘몰아치는 계곡물에
흐뭇이 제 살 내주니
우뚝 솟은 기암괴석
배의 돛대 닮았다

도체비낭

시도 때도 없이 비 오고
감도는 안개시리 낀 날
한가득히 핀 싱둥한 꽃

숲 새로 보일 듯 말 듯
아릿하고 기이한 매혹
풍기는 신기로운 정경

매우시에 꽃봉오리 연
가늠할 수 없는 화색을
뽐낸 제주 도채비운장

최해영(崔海永) 시인, 시조시인

아호 慧穎(혜영)
교육학석사, 청소년지도사, 한국어교원 외
문학고을 신인문학상 수상.
문학고을 등단 시부문
제2회 디카단시조문학상(강원시조시인협회) 수상
강원시조시인협회 등단 디카시조부문
문학고을 최우수 작가상 수상
제3회 청목문학상(작가대상) 수상
서울대학교 공로직원(전 선임행정관)
중·고등학교 및 평생교육원 출강
강원시조시인협회 부회장
문학고을 수석고문

〈시집 및 공저 〉

'베푼 사랑의 미소' 및 '시선집' 다수

박제 금복어 金福魚 외 2편

함영칠

갑갑하네
시원한 바람이 필요해
이 유리집은 그렇지
조금 아담하고
조금 더워서

예쁜 금색 옷을 자랑할 수
있다고 생각해
네벽이 큰 유리창 집은
그나마 다행이지
토굴 속 생존보다

가끔은
동무가 집밖에서 부르는데
나갈 수 없잖니
그곳은 물이 있을까?
달에 가는 우주인의 속마음을 이해해

빙 빙
동무가 추는 춤을
계속 보았지

같은 자리를 맴돌아
바람에 의지하는
바람개비처럼

이리와
가끔은 부르는 소리가
들려와 마른 빵을 주네
입맛을 돋우지 못해
잡초씨 뿌리는 하급 천사의
마음으로

수초 풀 생생한 물것
상큼한 것이 필요한데
그렇게 낮은 지능의
외계인에 공간을 나누어
쓰는 것이 수치일 거야

전에 살던 곳엔 달리기
도약하며 하늘을 날았지
왜 저 외계인은 알지 못 할까?

저급한 편견으로
멋진 비행을

배가 점점 날씬해지는것
같아
누군가 있다면 좋아하지
않을까?
그런 이들은 이 방식이
효용이 있겠네

어제는 아래층에 놀고 있는
동무가 다가왔지
바보처럼 뒤집어 날고
있었어 여름날 불빛에
부딪힌 풍뎅이의
허공 유영

빛에 바랜 겉옷은
추해보였지만
알지 못하는가 봐

자꾸 자랑하거든
늙은 배를 보이며

이젠 창밖에서 부르는
소리가 가늘어졌어
왜 저 전봇대 힌둥이는 날로
기운이 없어질까?
창 밖 친구가 희미해보여
안개 속을 떠다니네

아니
내가 날고 있었네
옷을 벗은 그것처럼
기분이 가벼워졌네
금방 날아갈 것 같아
이상적인 환경의 나비인양

그런데
유리창으로 집안이 보이는데
금빛 누군가 누워있어
미동 없이 실려가는 바람

영혼 빠져버린 뼈가 보이네

여보세요
내가 보여요
한 손에 유리창을 두드리며
다른 손으로
나팔을 지어 불렀다

여기서 자면 큰일나요
일어나서 움직여 봐요

고무나무의 이주

가야지 이제 가야지
새 집으로 이사가야지

그 말을 들었을때
무슨 의미인지 알지 못했어
사지가 잘려나갈 줄은
생각못했지
왜―그런 실패를 하지?

그래도 이쁜
키를 갖게 되었지
장다리 별명은 못 듣게
되었지만
내가 더 잘 키우잖아?

잘린 가지는 따스한
실내 유리 항아리에
담겼지
치유의 손길도 없이
커튼 뒤에서
날 부르는 소리가 들려와

잘 살아갈까 새집에서
물만 먹으며
가끔 들여다보며
의심의 눈초리로
너라면 안 그렇겠니?

그것이 무슨 의미가 있냐고
의심했거든
그런 유리병을 본 적이 없거든
하얀 벽엔
파란 자작나무들이 숲 바람에
흔들리고 있었지만

열흘 후 여기 몸에
새순이 나나 봐
이건 옆집 선인장
꽃순이었어

달이 한 번은 기웃뚱 굴렀고
창 밖 마른가지에 눈꽃이

찾아와 몇 번인가 울었지
녹색동박새는 더이상 찾아와
위로하지 않았어

무언가 발끝이 가려웠지
잘린 곳이 가끔은 쑤셔왔어
늦겨울 햇살이 찾아와
치유를 주었지
해와 달님에게
진 빚이 늘어나고 있어

바람에도 감사해
구름 심술이 시기하지만
원하는 무엇 다 가질 수 있겠어
좋은 곡과 안 좋은 곡 말야

유리병주가
갸우뚱하며 누굴 불렀어
오마니 여기 맨 위
새 잎이 나왔어

돌돌 카펫에 말려 있던 곳
누가 도술을 부리나?
실수가 있었나 봐!

가지는 실내에
장식처럼 꽂혀 있었는데
절름발이 가지
가슴이 저려와
멋진 옛모습 떠올라 우울해

누군 수술대에 눕고 싶을까?
달 밝은 밤이면
노란 달빛받은
머리가 자라는 꿈을 꾸었지
간지러웠지 밤마다
수은등 외등 아래

저녁 개밥별 보며
물었지 맑은 날 밤이면
찾아오거든

알 수가 없어 새 집이라는
모든 말이 믿을 수 있겠니?

춘절이 다가왔다나 봐
실내가 정리되다가
갑짜기 내 물병 가지가
공중걸렸어 이건 휴거일까?
잠시 어지러웠어 현기증인가
의심했지
외마디 소리가 들렸어

여길 봐 여기 봐
새 뿌리가 생겼어
푸른 몸에
하얀 뿌리야 흰수염

유리창 안에선
고무분주는 한 손에는
가슴을 쓸어내리고
나머지 손은 손벽을 치며

외치고 있었지
새 뿌리가 났어
새 다리가 생겼어

창밖에선 하얀손을 흔들며
가슴을 치며
짝다리 몸통이 요동을 치네
난 알지 못했어
난 알지 못했어
돌아와 아니
돌아오지 말아죠

아라사 버들 포플러

향리 앞 신작로 행길가에
장군처럼
늘어선 미루나무 비슷한
다른 나무인 그것을

처음 본 우리들은 사연은
모르지만
이태리 뽀뿌라 라고
불렀다

사라락
아라사 버들인 그 포플러
에서 나는 소리는
얼마나 시원하였던가

동리 뒤 오래동안
너른 묵밭이었던 곳은
어느새
퇴역한 모 대위가
심었다는
포플러밭이 되었다

한 여름
그 시원한 소리 맞으러
그늘 아래 서면
한바탕 매미소리 、아니
합창 노래가 여느
대단한 교향곡
보다 더 좋았다

찐득한 어느 날
남풍 불어와
포쁘라 잎에서 차르르르
내는 신비한
갑주소리
그 소리가 가슴을
쓸고 내리면 찬바람 절로
일어 알몸을 식혔다

잎새 그늘 길 따라 가면
큰 애기 한 밤 멱감는 작은

폭포
밤마다 더 커지는 소리들
과 살곰살곰 얘기 소리
후미길엔 퍼런 여우불같은
인등이
오갔던 안산

앞뜰 멍석 위 모기불 피우고
먹던 늦저녁 토장국 쌈
주위로
문득 앞산 고목들이 신화 속
거인들처럼 빙 빙
둘러섰다

아라사 포플러
하늘가지 올려보며
름름 소나무 늘어선
뒷동산에 올라보면
대처로 떠나 가는
기차소리 왝 왝

아득하고

뜻 모를 그리움과
윤선에 오른 미망과
바다 건너의 동경
그 푸른 꿈에 기대었던
젊은 날의 그런
아라사 버들밭 늘어진
시골 마을을

이젠
이젠
모두 팔아버렸다.

함영칠 시인

59년생 하남 거주
동국대학교 졸업
건축사
삼성물산건설부문근무
문학고을 신인문학상 수상
문학고을 등단 시 부문
공저
'문학고을 시선집' 다수

문학고을수필선 01 문학고을수필선 02   문학고을동시선 01   문학고을시세이 01 문학고을시세이 02 문학고을시세이 03

신작시조

김옥희

그리움 Ⅰ 외 2편

김옥희

골목 끝 그늘진 담벼락에 걸린 그림 하나
비바람에 바랜 빛도 내 눈엔 살아 있고
그때의
네가 웃던 모습 꽃잎 되어 날리네

계절 따라 물든 색 세월 따라 사라지고
시간 속 거닐다 닿을 수 없는 하루
그림 속
발자국 되어
내 마음을 부르네

잊는다 다짐해도 지우지 못한 그리움
눈감고 돌아서면 떠오르는 그 풍경
화폭의 품에 안겨서 눈물에 젖어 머무네

그리움 Ⅱ

그리움 소리 없이
흐르는 마른 강물
내 마음 깊은 곳으로
스미듯 젖어 들고
밤하늘 별빛 없는 달
희미하게 비추네

그리움 너를 닮은
잃어버린 기억의 조각
잠긴 마음 열어주는
숨결 같은 작은 열쇠
귓가에 바람의 노래
속삭이며 지나가네

그리움 언제나
따라다니는 그림자
힘겨운 발자국
길게 드리운 추억은
내 안에 숨 쉬는 작은 우주
나의 영원한 동반자

그리움 Ⅲ

고운 손길 떠나신 지 수십 해 세월 건너
햇살처럼 웃으시던 그 얼굴 떠오르네
그리움 소매 끝 저며
눈시울을 적신다

저녁놀 물든 마당 불씨 지피던 그 손길
굴뚝에 퍼지던 향 살가운 숨결 되어
세월은 잿빛을 더해도
그 온기가 남아 있다

마음속 살아계신 꿈결에 부르는 이름
내 생을 다 바쳐도 그 품을 못 잊으리
저 하늘
먼 자리에서
별빛으로 웃으신다

김옥희 시인

수원여대 / 신성대학 외래교수 역임

≪문학고을≫ 신인문학상 수상 시,시조부문 등단 (2024년도)
≪문예비젼≫ 신인상 시부문 등단(2024년도)
문예비젼 협회 정회원
한국경기시인협회 정회원
≪수원문학≫ 신인상 시조부문 등단(2024년도)
한국문인협회 수원문인협회지부 정회원

공저
한국시학동인지 '시인마을' 한국시학 '72호' 계간지 '시원'
문학고을 시선 '청목15, 16호' '문예비젼' 외 다수

문학고을 발간도서

삼행시 꽃 피었습니다

저자
김선순 김은희
김희숙 남상열
남항우 문창진
박만근 신경희
이선영 이영화
조영예 최근용
최하연 홍성길

145* 160 | 248쪽
2024년 12월 21일 발간
정가 12,000원
ISBN 979-11-92635-28-6 03810

처음 가는 길은 모험이고 도전이다. 그래서 기쁘기도 하고 두렵기도 하다. 로버트 프로스트는 그의 시 〈가지 않은 길〉에서 사람들이 적게 간 길을 선택했고, 그것이 모든 것을 바꾸어놓았다고 했다. 문학의 역사를 바꾸려는 거창한 욕심은 없다. 그러나 이번 시도가 삼행시의 매력을 널리 알리고 문학의 다양성을 촉진하는 작은 불씨가 되었으면 하는 마음이다.

— 문창진(시인, 교수)

누군가에게는 삼행시가 생경하고 낯설게 느껴질 수도 있습니다. 그러나 이 책을 펼쳐 한 구절씩 천천히 따라 읽다 보면, 시가 결코 멀리 있는 것이 아니라 우리 일상 생활을 노래하는 것임을 공감하시리라 생각됩니다. 시는 우리 삶 속에 깃든 위안이자 숨결이며, 일상의 소중한 감정을 표현하는 또 다른 소통의 언어입니다. 그 언어를 통해 독자와 시인 사이에 유대감과 새로운 교감이 이루어지기를 소망합니다.

— 조현민(문학고을 회장, 시인)

신작동시

권경은

황미선

엄마, 배고파 외 2편

권경은

부스럭 부스럭 엄마, 일어나.
꼬르륵 꼬르륵 엄마, 배고파.

밍기적 밍기적 일어난 엄마가
흐미적 흐미적 자리를 일어나

달그락 달그락 냄비를 꺼내고
덜그럭 덜그럭 그릇을 씻기면

눅눅하고 되직한 장냄새
매콤달콤 고추장 장내음

일어나서 밥 먹어라.
이불개고 어여 와라.

게으른 아들래미는 깨작깨작
초롱초롱 딸래미는 허겁지겁

아기새들 먹는 모습 흡족히 바라보면
어느새 장대비 개어버린 휴일의 아침

나는 호랑나비 애벌레

길가다 아이가 나뭇가지를 들어
호랑나비 애벌레를 찌릅니다.
이리 피하고 저리 피하는 애벌레

엄마, 난 애벌레가 징그럽고 무서워요.
아가, 그럼 이 세상 꽃가루받이는 누가 해?

엄마, 꽃이 알아서 하는 게 아니에요?
아가, 애벌레가 커서 나비가 되고
나비가 꽃의 수분을 돕는단다.

엄마, 수분이요?
그래 아가, 꽃 안에 있는 수술의 화분이
다른 꽃의 암술머리에 옮겨 붙는 것 말이야.
그걸 나비가 해요
그렇게 나비들은 꽃들의 사랑을 이어준단다.

엄마, 그래서 꽃도 나무도 살아요?
그럼 아가, 그렇게 꽃도 나무도 사람도 산단다.

아이는 애벌레를 찌르던 나뭇가지를 조용히 버립니다.
그리고 미안하다며 고개를 수그립니다.

애벌레는 다 안다며 고개를 끄덕입니다.
그리고 간밤에 나비로 곱게 변해
대롱대롱 주둥이를 곱게 말며
쌔근쌔근 자고 있는 아가 위를
사방사방 어여삐 날아오릅니다.

꿈

우리 아가 간밤에 무슨 꿈 꿨어?
응, 잔소리하는 엄마가 2천명인 꿈

그랬구나, 무서웠겠네
엄마도 악몽 꿨어
수능 시험 시간에 지각하는 꿈

응, 엄마도 무서웠겠네
아가 오늘 밤엔 무슨 꿈 꿀거야?
응, 내가 전직이 발레리나인 아이돌이 되는 꿈

그랬구나. 엄마도 예쁜 꿈 꿀거야.
우리 아가가 좋은 세상에서
우리 아가의 꿈을 다 펼치는 꿈

응, 엄마의 꿈속에 내가 있네
우리 꿈 속에서 만나요.
코 자요.

권경은 시인

2006~2024년 외국계 금융사에서 근무
독서지도사(1급), 글쓰기지도사(1급) 심리상담사(1급), 심리분석사(1급)
타로상담전문가(1급) 보유자입니다.
동화〈훈이네 이야기〉동화시리즈의 저자로서
〈내가 한거 아니야〉,〈천재가 될거야〉,〈나는 훈이네 헤라클레스 장풍뎅이〉
〈나는 훈이네 슈퍼엄마〉,〈나, 아기일적〉,〈나는 다섯살 은이〉,
〈외할머니와 치킨〉,〈훈이와 달의 아들〉,〈엄마와 마법소녀〉,〈엄마의 변신〉,
〈엄마와 오즈의 마법사〉및 잔혹동화로〈살충제를 먹으면〉,〈불을 삼킨 아이〉,
〈못난이 돼지 엄마 이야기〉까지 총 14권의 동화를 발간
현재 INFJ 작가, 서평가로서 네이버 블로그 운영
문학고을 신인문학상 수상
문학고을 등단 동시 부문

우주의 큰 별 외 2편

황미선

작은 교실 안
우리 선생님은
넓은 우주를 품고 계세요

노란 별, 파란 별
빨간 별들이
웃으며 속삭일 때도

우주의 큰 별은
조용히 미소 지어요

크게 말하지 않고
반짝반짝, 작은 별들을
살며시 안아주며

더 빛나게
더 따뜻하게
끝없이 꿈꾸게 하세요

사춘기가 처음이라

퍽, 감정이 쏟아지고
툭, 말이 먼저 나가요

가끔은 나도
내가 낯설어요

사춘기
나도 처음이라서
모르겠어요

꽃 피기 전
꽃도 바람에 흔들린대요

나도 지금
바람에 흔들리는 꽃인가 봐요

조금만 더
기다려줘요
바람이 멈추고
내가 활짝 피어날 그날까지

오늘 산 카네이션

할아버지, 할머니
가슴에 핀 빨간 꽃
웃음꽃도 피었어요

나도 빨간 꽃 샀어요
아빠, 엄마 드리려고요

가슴에 달아 드리고 싶지만
손을 뻗어도
닿지 않아요

오늘 산 카네이션
두 손에 꼭 쥐고
꿈속에서라도
달아 드릴래요

황미선 시인

서울 홍익대학교 미술대학원 미술학 석사 졸업
서양화가(작가), 미술 교사, 미술 치료사, 한국어(교사) 멘토링
문학 고을 신인문학상 수상
문학 고을 등단 아동문학(동시) 부문 등단
공저 『문학 고을 제14호 선집』 여름, 2024
　　『문학 고을 제17호 선집』 종합문예지 청목, 2025.

신작수필

우남현
강열혁
김성이
김영희
박주학
백분수
신경라
이상나
이필
정미
정안

어머니 그리고 두번째 어머니

강열우

오랜만에 거실에 앉았다. 깔끔하게 닦은 창은 대지와 맞닿아 유난히 청아하게 빛났다. 해당화는 피어나는 것에 바빴고, 철쭉은 스스로 붉어지는 일에 정신이 없었다. 80년대 즐겨 들었던 외국 팝송은 따뜻한 커피 한 잔을 마시게 한다. 커피 향은 나의 비염을 뚫고 뇌로 전달돼, 어릴 적 골목에서 딱지치기, 구슬치기, 말뚝박기하며 놀았던 코딱지만 한 친구들의 옛 모습을 떠오르게 했다.

비가 추적추적 내리고, 마을은 산사의 풍경과 닮아 있다. 목탁 소리와 스님들의 염불 소리는 아침 바람을 타고 옅게 채색된다. 빗물 한 줄기가 해당화를 어루만지고, 고요히 흘러 연못 가장자리를 향해 비단개구리의 등을 적시면, 마을의 아침은 이렇게 춘향의 절개처럼 단아하고 정갈하게 시작된다.

이 정적 속에, 갑자기 낮게 내려앉은 우산 두 개가 다정하게 줄 맞추어 지나간다. 높은 톤을 가진 목소리로 보아, 둘은 필경 아이일 것이다. 빨간 장화, 노란 장화를 신고 빗속을 걸어가는 모습 뒤에는, 등이 휘어진 '기역자'

할머니가 계신다.

"늦겠다. 그만 씨부리고 빨리 가자. 버스 놓칠라." 걸음을 재촉하는 할머니의 칼칼한 목소리에는 손주들의 미래가 담겨 있다. 그가 40년 전 해 왔던 것처럼……

등교를 위해 마을버스 정류장으로 향하는 모습이다. 30분마다 한 대씩 오는 버스는 마을 어르신들의 손과 발이 되어, 시장이나 병원을 들러야 할 때 이용하는 유일한 교통수단이다.

시골에 살았던 경험자들은 알 것이다. 소달구지 뒤나 경운기 뒷칸에 앉아 풀피리 불며 눈만 감아도 아득하게 떠오를 것 같은 수채화 같은 풍경들. 덜컹거림에, 비좁은 칸도 서로 꼭 부여잡고 목청 높여 봄노래, 꽃노래를 몇 번이고 반복하며 불렀던 동무들과의 추억.

시골 마을은 탄생보다는 죽음이 많다. 마을 방송으로 "명곡댁이 오늘 소천하였습니다. 부곡댁이 치매로 집을 나가 인근 마을 뒷산에서 숨진 채 발견되었습니다."라는 방송으로 죽음의 소식을 접한다. 이곳 사람들이야 명곡댁이고 부곡댁인 줄 알지만, 외지인들은 알지 못한다. 그저 운명하셨구나 하는 비보만 전해 들을 뿐이다.

이렇게 이 마을에 시집 와서, 한 남편의 아내로서, 며느리로서, 그리고 아이들의 어머니로서 온몸으로 한평생 의무와 책임을 모두 떠안고 살아오셨던 어머니들이었다.

"아이고 영감아~ 우리 영감아~ 뒤뜰 논에 새 보러 가서 메뚜기 뒷다리 채이다 죽은 영감아~ 아~"하며 내뱉는 어머니의 고달프고 한많은 노랫말은, 먹을 것이 없어 등과 배가 붙은 아이들에게는 치명적인 삶이었을 것이다. 작대기 하나에 의지해 지게를 지고 산에 나무하거나 나물을 캐 연명해야 했던 날들. 오로지 자식만을 믿으며, 힘들고 고된 세월을 견뎌 왔던 그 어머니들이 계셨다.

"함안 땅의 박 처자와 진주땅의 강 선비가 모년 모월 모일 열두 폭 채알 치마 쳐 놓고 혼인을 약속했건만, 오기로 한 강 선비는 오지 않고 편지만 댕그러니 왔구나." 생면부지의 남녀가 혼인은 고사하고, 신랑이 사고로 죽었으니 평생 얼굴도 모르는 남편의 시부모님과 그 가족들을 보살피며 생을 마감해야 했던 어머니의 삶. 그 가족사는 요즘의 환경으로서는 가히 짐작도 할 수 없을 것이다.

나는 이 마을에서 '어린아이가 태어났습니다' 라는 방송을 한 번도 듣지 못했다. 그런데 어떻게 빨간 장화와 노란 장화를 신고 재잘대며 가는 아이가 존재할 수 있을까?

한때 이 마을에서 컸고 자랐던 아이들이 성장하여 도시로 나가 결혼도 하고 아이도 낳았으니, 그들도 부모가 된 것이다. 그런데 맞벌이 부부들의 가장 큰 고민은 영락없는 아이들의 육아다. 그렇다. 그 아이들은, 평생을 이곳에서 가사노동과 육아에 시달려야만 했던 그 어머니들의 손주들이다.

가끔 고향에 와서 손주 머리를 쓰다듬고, 등을 두드려

주는 그런 관계가 아닌, 다시 어머니가 된 것이다. 50년 전 등골이 휠 정도로 고생을 감내해야만 했던 그 시절로 돌아간 두 번째 어머니.

그 어머니들을 향해 머리 숙여 심고深告한다. 다시 시작된 육아의 시간. 당신들의 사랑이 되풀이되는 것이 아니라, 이제는 당신들이 사랑받아야 할 차례라고.

굽은 등 위에, 봄날의 햇살처럼 가볍고 따뜻한 하루가 내리기를, 두 손 모아 빕니다.

강열우 수필가

1960년 부산에서 출생
동아대학교에서 학사,석사를 한뒤
1994년부터 27년간 부산예술대학교에서 교수 역임
2013년 8월에 부산대학교에서 경영학 박사학위
1980년대 극단 자갈치에서 연기자로 출발, 부산민요연구회를 조직하여 전라도와 낙동강 나룻터를 중심으로 우리소리기행을 하였다.
공연과 축제 연출을 해오다 2019년 부산광역시 문화상을 수상
현재 대안학교 밝은덕 배움터에서 교사 재직, 양산매곡마을 활동가로서 마을 주민들과 풍물패를 함께하고 있다.
또한 다듬더작은도서관을 마을에 만들어 커뮤니티 활동도 겸함

저서
2023년 '로망에 대하여'
2024년 '할머니와 검정고양이' 에세이집 출간
문학고을 신인문학상 수상
문학고을 등단 수필 부문

비

김성남

오늘로써 연속 4일째 비가 내리고 있다. 한참을 우두두거리더니 딱 그치고 또 부슬부슬 내리더니 해가 쨍하다. 우중충한 구름 가운데 파란 하늘이 흐릿하게 보이며 햇빛이 부서지기도 한다.

기차 역사 앞 벤치에서 맞이하는 오늘의 빗줄기는 싱그러움 그대로였다. 더워서 이따금씩 옷 위로 땀이 스며나지만 불쾌한 정도는 아닌, 아침이라 다행이다.

오늘은 한 달마다 약을 받으러 가는 길에 '비 님'을 만나게 되었는데 장마의 시작을 체험하고 있다.

장마라고 하면 떠오르는 영화가 있다. 일본 지브리사의 '언어의 정원'이라는 애니메이션 영화이다. 도시의 초록 숲에서 만난 한 남녀 사이의 사건에 관한 영화이다. 애니메이션 중 물과 비, 숲의 낭만을 영상으로 아주 잘 표현한 영화 같았다. 그 영화는 포스터와 소개 시를 본 후 눈에 들어서 찾아보게 되었는데, 한 6년가량을 그 영화에 빠져서 지내게 될 정도로 감동이 있었다. 영화 속 장면의 빗방울이 물결치는 모습이 잔잔하고 빗방울 수만큼 시시때때로 나에게 울림을 주었다. 이유는 이 작품에 등장하는 만엽집*에 실린 시 덕분이다. 인용을 하자면, "천둥소리가 희미하게 들리고 하늘도 구름이 끼어서 비가 오지 않을까? 그러면 당신이 돌아가지 않도록 붙잡아 둘 수 있을텐데" 그 답가로 "천둥소리만 들리고 비가 내리지 않는다 해도 나는 머무를 겁니다. 당신이 붙잡아 준다면"이 되겠다. 천둥소리가 다가오면 으레 나는 저 시구절을 암송하곤 했고, 카카오톡 프로필 사진 자리에도 저 시구절을 프린트한 포스터를 등록했었다.

요즘이 딱 그 계절이다. 그 영화의 계절, 여주인공이 남주인공에게 쵸코렛과 맥주를 함께 전하는 장면이 있는데 나도 따라해 봐야지 하고서는 못 해봤다. 비가 주구장창 내리는 날 가운데서도 내가 물가를 들여다보고 숲 언저리는 찾아가는 이유가 다 이 영화 덕분이다. 그때는 사랑하는 애인이 딱히 있어서는 아니었지만 나는 이 영화가 딱 좋았다.

비하면 이 애니메이션 말고 더 먼저 떠오르는 장면이 또 한 가지 있다. 뮤지컬 영화 "사랑은 비를 타고"에서 남주인공이 노란 우산과 레인코트 차림으로 비를 흠뻑 맞으며 "Singing in the rain"을 부르는 장면이다. 사랑에 빠졌기 때문이다. 대학 2학년 때 나는 내가 시골 국립대학 밖에 입학하지 못한 것에 굉장한 후회가 있었는

---

* 만엽집: 7세기 후반에서 8세기 후반에 걸쳐서 만들어진 책이며, 일본에 현존하는 고대 일본의 가집(歌集)이다. (출처 : 위키백과)

데, 그때 서울로 대학에 입학한 동생이 휴일에 공연을 보러 다니고 대학로에 연극을 보러가는 등의 사건을 접했었다. 아… 나도 저런 거 좋아하는데… 특히 고딩 때부터 고전에 대한 로망, TV 프로그램에서 다루어주던 수준 높은 영화, 연극 소개 덕분에 한 선배에게 물은 적이 있다. "선배, 사랑은 비를 타고 같은 연극이 극장에서 공연해도 우리는 못 보잖아." 그랬더니 그 선버가 그해 가을에 학과 카페에다가 그 영화 전체를 동영상 파일로 올려준 적이 있다.

청소년기에 연애 한 번 안 해 보고 학교와 기숙사만 왔다갔다 했으며, 그것을 벗어나기 위해 대학에 가기만을 손꼽아 기다리던 나였으니 세상 좋은 것은 모두 누리고 싶은 시절이 나에게도 있었고, 또 긴 짝사랑으로 인한 마음 속에 품은 꿈도 있을 때니 품격 있는 사랑 시, 사랑 노래가 내리는 빗줄기에 기대어졌던가 보다.

한 번은 주요한 님의 '빗소리'라는 시에 또 취하여 몇 번이고 암송을 시도했고, 실패했지만 생각날 때가 많아서, 그 시가 담긴 "불놀이"라는 시집을 헌책 사이트에서 구입해 놓은 기억도 있다.

"비가 옵니다"라고 담담하게 말하지만 뭔지 모를 서정이 묻어나는 이 시도 내가 좋아하게 된 시다. "비가 옵니다/ 뜰 위에 창밖에 지붕에/ 남모를 기쁜 소식을/ 나의 가슴에 전하는 비가 옵니다." 이 마지막 연은 기쁜 소식마저 전하는 고요한 밤비의 정서가 아름답다.

비라는 소재는 누구에게라도 다루어질 수 있는 아주 감상적이고 인상적인 소재인 것 같다. 가을비가 주는 쓸쓸함과 황량함에 비한다면 장맛비의 느낌은 풍성하고 풍요로와서 나는 좋다. 나이가 들면 그 장맛비와 봄비마저 저 가을비의 느낌과 같다 하는데, 아직은 나는 모르니 오늘은 이 비를 흠뻑 감상하련다.

사랑의 계절 사계절! 오감 만족, 육감, 즐감의 사랑이 있다면 조금 더 있은 후 내릴 한여름 더운 비를 기다려 사랑의 무르익음을 맞이할 수 있을 것도 기다린다.

김성남 수필가

상주 거주
문학고을 신인 작품상 수상
문학고을 등단 수필 부문 제33회 공모
공저
'종합문예지 청목' 시신집 다수

내 나이 칠땡(77)이 칠칠세 되고 보니

김영현

바람이 휑하니 스치고 나니, 검은 머리 파뿌리 되었구나. 십년이면 강산도 변한다 했건만, 강산이 일곱 번이나 변했습니다. 옛 선현들은 세월을 화살 같다고 하였지만, 이렇게 빠를 줄이야 그 누가 알았겠는가? 참으로 빠른 것이 세월인가 봅니다.

엄마 손 이끌려 왼쪽 가슴에 코 닦이 손수건 달고 국민학교(초등학교)입학하던 때가 엊그제 같고, 까까머리 중자 모자 쓰고 중학교 다닌 때가 엊그제 같건만, 세월이 흘러서 모자의 중자가 고자로 바뀌고 나팔바지 펄럭이며 거리를 활보하던 그 시절이 까마득하기만 합니다.

소 팔고 논 팔아 등록금으로 세운 대학이라 하여 우골탑牛骨塔, 상아탑象牙塔으로 불리며, 높아 보였던 대학들, 부모님 등골로 큰 대자 대학에 각모 쓰고 다닌 추억들은 모두가 부모님의 은덕恩德이었지요.

나이 들어 생각해 보니, 철없던 시절 부모님의 자식 사랑 덕이라 생각됩니다. 직장 구해 취직하고 결혼하고 자식 낳아 키우며 산 세월은 부모님의 그늘을 벗어 난지 내 생애 반이라 생각됩니다. 가정 갖고 직장생활로 내 생을 스스로 산지도 정확히 말하면 내 생애 반이라 봅니다.

30년은 부모님의 음덕陰德으로 살았고, 나머지 30년은 내 생의 자립으로 살아오지 않았나 생각합니다. 60평생은 그렇게 부모님과 그 보호막에서 가정을 꾸리고 국가 사회를 위해 살았다고 생각합니다.

엄마 손 꼭 잡고 6.25 전쟁을 겪었고, 성장기에는 가난 속에서 보릿고개를 이겨내고 나라 발전의 주역으로 살아 왔습니다.

전쟁(6.25 사변), 가난, 재건과 건설, 경제 발전, 산업화, 올림픽 개최, 세계화, 민주화, 정치발전, 정보화, 우주화 시대로 발전하여 이제는 3만5천불의 국민소득과 K-컬처로, G-세븐의 선진국 대열로 들어섬을 내 눈과 내 몸둥아리가 기억하고 있으며, 그 필드Field의 중심에서 살아 왔음에 자부심을 느낍니다.

그러나 지금의 발전이 그저 하늘에서 뚝딱 떨어져서 된 것 인양 우리는 착각 속에서 살고 있는 것 같습니다. 특히, 50대 이전 세대들은 직접 경험해 보지 못했기 때문입니다. TV에서 보는 눈물겨운 영상의 모습들, 도와주자고 홍보하는 헐벗고 굶주린 모습들, 전쟁의 폐허 속에서 아우성치는 모습들이 불과 사오십년 전에 이 땅 우리나라에서 있었던 일이라는 사실을 우리는 인식할 필요가 있습니다.

세계는 냉혹합니다. 우리는 근시안적인 사고와 무능력과 권력에 눈 먼 정치 지도자의 매국노에 의해 36년간이란 긴 세월 동안 일제의 식민통치를 겪었고, 극심한 좌우 대립으로 국론이 분열되어 동족상쟁同族相爭이란 6.25사변을 겪었습니다. 전쟁은 많은 깨달음을 주었고, 미국과 자유우방의 도움으로 자유민주주의 대한민국이 자리를 잡았습니다.

폐허된 나라를 재건하고 부패된 사회 질서와 자주국방을 이룩하는 데는 애국 시민과 훌륭한 정치 지도자가 있었다는 사실을 알아야만 합니다. 그래서 우리국민은 이러한 사실들을 반면교사反面敎師로 삼아서 작금의 난국도 타개해 나아가야 합니다.

42년간 2세 교육을 가르친 교육자로서, 망각하기 쉬운 과거를 회상하고 젊은 세대들에게 올바른 국가관을 심어주려 합니다.

우리 국민은 오뚜기 정신이 있습니다. 나라가 혼란할 때에는 자유 대한의 가치價値와 기치旗幟로 극복한다는 혼魂이 살아 있음도, 그동안 살아 온 우리네 삶에서 배웠고, 진취적인 사고와 건전한 국가관으로 애국 시민의 한 사람으로 실천하며 살아왔습니다.

하늘 우러러 한 점 부끄러움이 없는 교육자의 삶을 살려고도 노력하였습니다. 11년을 초등 교육에서 31년을 특수 교육(특수학교, 대학, 교육행정가〈교장, 장학관, 장학사))에서 종사하였습니다. 특수 교육은 한국의 1세대로 이 땅에 특수 교육이 자리매김하는데 일조를 다 하였습니다. 이제, 인생이란 몸뚱아리 기계가 그 수명을 다하여 직장이란 조직에서 정년으로 퇴직하였습니다.

흔히들 그 나머지 인생살이를 인생 제2막이라 하면서 제2의 인생을 살아가라 합니다. 나도 그 인생 2막을 산지가 벌써 17년이 흘러 내 나이 칠땡이(77)에 이르렀으니, 금년이 칠칠세가 됩니다.

그동안 국가 사회의 많은 변화와 주변의 변화는 한 권의 역사책이 됩니다. 근·현대사를 몸소 체험하면서 써 온 체험기로, 스스로 놀라기도 하면서 성장하고 발전했지만, 감탄하지 않을 수 없습니다. 그때마다 우리는 극복하고 선진국으로 도약하였습니다. 이러한 현실이 꿈처럼 느껴집니다.

개인적인 삶에서는 희비애락喜悲哀樂도 인생의 무상함도 있었지만, 인생의 질곡 속에서 낙이 온다는 사실도 경험하면서 인생 1막을 무사히 마칠 수 있었음에 감사를 드립니다.

그러나 제2의 인생은 건강만이 행복할 수 있다는 소박한 나름의 철학을 깨달았고, 그 실천으로 오늘 칠땡이 칠칠세가 굴러오지 않았나 생각합니다. 통계에 의하면 칠칠세의 전국 생존자가 15만3481명이라 하니 그 중의 한 사람으로서 감탄과 경외敬畏감을 느낍니다. 주변의 친구들, 지인들, 일가친척들도 그 수명을 다하지 못하고 저세상을 향해 먼저 갔습니다.

지금은 백세 시대다 하고 야단법석들 하지만, 자신의 신체로 자신의 머리로 스스로 삶을 이어가지 못함은 인생 백세가 무슨 소용이 있겠습니까? 그래서 요즘은 구구팔팔 이삼일이라는 신조어가 판을 치고 있습니다.

젊은이들을 보고 세월이 구만리라던 옛 선현들의 말씀은 젊은 호시절의 꿈이었나 봅니다. 내 나이 칠칠세 칠땡(77)이 되어 보니, 그 구만리는 간곳이 없고 허무만이 허공을 맴돌고 있습니다. 그래서 인생 2막을 건강하고 알차게 살아가기 위해서는 다음을 한 번씩 생각해 보고 실천하는 습관을 가지는 것이 도움이 될까하여 적어 봅니다.

- 규칙적인 생활하기
- 긍정적인 사고 갖기
- 욕심 부리지 않기
- 봉사하기
- 매사에 친절하기
- 많이 움직이기
- 자주 스트레칭하기
- 명상하기
- 외국어 공부하기
- 연필로 글쓰기

· 가족, 친구들과 자주 대화하기
· 가능하면 여행을 많이 다니기
· 독서하기
· 1일 일지 쓰기(아침에 오늘 할 일 적어보고, 저녁에 점검하기)
· 잠을 충분히 자기
· 숫자를 일에서 천까지, 천에서 일까지 세기 등입니다.

각자 자신의 처지에 맞게 편집해서 실천해 보면 백세가 팔팔하리라 자신합니다. 104세를 사신 김형석 교수는 다시 태어나 4세를 살고 있다고 했습니다. 백세까지도 한참인 내 나이 칠칠(77)하지만, 여기까지 살아옴에 감사드리고 인생 칠땡(77)이 칠칠 세에 그 소회所懷를 적어 봅니다.

김영현 시인, 수필가

진주교육대학교, 경남대학교(교육학석사)
초, 중등, 특수학교 교사
경상남도 교육청 장학사, 장학관
창원천광학교, 김해은혜학교 교장
부산장신대학교외 겸임교수
경남신문 촉석루 집필위원(2000)
경남장애인신문 논설위원
KOICA 94기(한국국제협력단) 단원으로 해외봉사활동(미얀마)
현재 경남산청에서 농부로 살고 있음
문학고을 신인 문학상 수상
문학고을 등단 시 부문

공저
계간 '종합문예지 청목' 시선집

전환과 중립지대

박주혁

올해 회갑의 나이가 된 나는 젊을 때부터 늦게 잠들고 늦게 일어나는 것이 편했다. 자정 이전에 잠드는 일이 쉽지 않았다. 그런데 언제부턴가 몸이 그런 리듬을 허락하지 않는다. 어떤 날은 밤 열 시가 되기 전에 잠이 쏟아지고, 해가 뜨기도 전에 눈이 떠지는 날도 잦아진다. 나의 몸 전체에는 노화가, 나의 눈에는 노안 현상이 급속히 진행되고 있다.

그러한 나는 요즘 생리적 진실 너머의 의미에 대해 생각해 본다. 이러한 변화가 곧 내 몸을 지배하는 하늘의 이치인바, 몸의 변화를 통해 스스로 알아채고 다다라야 할 정신과 영혼의 이치에 대해 헤아려보려 한다. 노안을 맞으며 내린 잠정 결론은 '이제 눈으로 보는 일을 줄이라는 요구이구나. 눈 말고 가슴과 몸으로 보라는 것이구나. 더 많이 느끼며 살라는 지시구나. 또한, 너무 가까운 시야에 갇히지 말라는 요구이구나. 멀리, 확연한 경계가 사라지고 뒤섞여 빚어내는 풍경의 아름다움과 그 속에 있는 진실도 함께 보라는 것이구나. 이제 힘을 빼고 부드러운 리듬 위에 올라타라는 의미구나' 하는 것이다. 그렇듯 세월의 흐름에 따라 몸도 마음도 변해가고 있다.

그런데, 중요한 것은 마음이다. 나는 불안과 불행, 고독과 우울로 가득 찬 삶을 살았고, 현실에 충실하지 못하고 책임을 다하지 못했다는 자책과 죄의식에 자주 시달린다. 그런 내 마음 상태를 관조하면서 책임에 대해 생각해 본다. 책임이란 단어는 언제나 무거운 짐을 연상시킨다. 그것은 철이 든 사람이 인생을 향해 감당해 주어야 할 당연한 몫처럼 여겨진다. 영국의 유명한 한 코치는 변화의 두 가지 핵심을 인식과 책임이라고 했다. 먼저 일차적 단계인 '인식', 〈이너게임 inner game〉이란 책에서는 '어떤 것을 완전히 인식하면 누구든 그 일에 책임을 지게 된다.'고 주장한다. 우리가 책임을 지지 못하는 것은 우리가 어떤 것을 완전히 인식하지 못하기 때문이라고 해석할 수도 있다. 그렇다면 완전히 인식한다는 것은 무엇을 의미할까? 먼저 인식의 주체인 자신을 잘 들여다볼 필요가 있다는 생각이 든다. 의식적으로 생각과 행동을 관찰하고 어떻게 선택하고 결정하는지를 확인할 필요가 있다. 책임(responsibility)이란 단어는 response와 ability가 합성된 말이다. 즉 '반응을 선택하는 능력'이라는 뜻이다. 책임은 무거운 짐을 나타내는 말이 아니라, 선택의 주체인 자신의 반응을 나타내는 말이다. 어떤 사건이 생길 때 그것에 대해 어떻게 반응하느냐는 자신에게 달려있다. 그 문제의 인과와 그 문제가 담고 있는 의미들을 통합적으로 인식하는 사람은 그저 습관에 의해 반사적으로 반응하지 않을 것이다. 반응을 선택하는 것이 바로 책임이다. 인식과 책임은 같은 것의 다른 얼굴이다. 우리가 우리의 순수의도에 의해 매 순간 바른 선택을 할 수 있다면 우리의 삶은 획기적으로 변화할 것이다. 우리가 제대로 반응할 수 있다면 과거의 것들에 매여 불안과 두려움 속에서 잘못 선택하는 일은 현격히 줄어들 것이고, 우리가 가진 생각이나 신념들이 대부분 다른 사람들의 믿음이나 정보로 형성된 것이라는 것을 알 수 있을 것이다. 믿음이나 확신이라는 것도 세대와 세대를 거쳐 우리에게 전해져 온 하나의 견해일 뿐이다. 그것이 진실이라는 보장은 그 어디에도 없다.

세상에는 외로움 없이 쓰인 노래가 적지 않다. 고독이 주는 통증을 거치지 않은 사유 또한 많아지고 있다. 우리가 어디로 가고 있는지 묻지 않고, 허구적이고 수탈적인 시류를 쫓아 그것을 더욱 자극하는 미각에 치중하는 이야기도 넘쳐나고 있다. 발가벗은 채 스스로를 대면하는 시간을 갖지 않고, 시류와 기교를 쫓아 나오는 언어와 노래와 전략과 사랑을 나는 믿지 못한다. 로버트 앨런이란 사람은 '머릿속 생각에는 대가가 따른다.'고 말했다. 그의 말대로라면 우리는 그동안 우리가 받아들인 잘못된 신념과 가치, 견해들 때문에 엄청난 비용을 지불하고 있는 셈이다. 우리의 생각과 믿음, 가치관 역시 우리 자신이 아니다. 나 아닌 것들을 비워내고, 나인 것들로 내 속을 채우면 나라는 하드웨어는 나의 행복을 위해 결정하고 반응해줄 것이다. 우리의 인생은 철저히 우리의 선택에 놓여있고 그래서 철저히 우리의 책임인 것이다. 지금 나의 현재는 내가 만든 것이다. 그런 의미에서 우리 삶에 일어나지 않은 일에 대한 책임도 나에게 있다. 이제 내 안에 내재 된 '책임에 대한 힘'을 회복할 때이다.

나이가 들어감에 따라 불안과 우울의 증세는 더욱 심해지고 있다. 잘못 살았다는 자신의 삶에 대한 인식이 깊어간다. "목표 때문이 아니라 전환기를 거치기에 인간은 위대하다."고 랠프 왈도 에머슨은 설파했다.

살다 보면 이렇게 '전환점(turning point)'이라 부를 만한 특별한 변화의 시기가 찾아온다. 사람들은 전환기를 회상하며 "그때 이후 모든 게 달라졌어."라고 말하곤 한다. 우리가 전환기와 만나게 되는 계기는 다양하다. 대부분의 계기는 부정적인 사건이나 경험이다. 가장 흔한 예로 해고와 같은 직업적 변화, 사랑하는 사람과의 이별과 같은 인간관계의 상실을 꼽을 수 있다. 긍정적인 사건이나 경험을 통해서도 전환기를 마련할 수 있지만 드문 일이다. 대부분의 경우 좋은 시절에는 변화를 꾀하지 않는다. 그것을 유지하고 싶어 할 뿐이다.

전환기의 구체적인 과정도 사람마다 다르다. 전환기를 특정한 몇 단계로 설명하는 책들도 있지만, 예외가 너무 많아 일반화하기는 어렵다. 이런 단계보다 중요한 점은 이 시기에 엄청난 전환(transition, 내적 변화)에 직면하게 된다는 것이다. 전환의 과정 역시 사람마다 다양하지만 공통점이 하나 있다. '중립지대'라는 혹독한 시절을 거쳐야 진정한 전환이 이뤄진다는 것이다. 이것은 거의 예외가 없다.

전환의 중심에 위치하는 중립지대는 '카오스'의 시기로 상징된다. 그리고 이 시기는 빛과 그림자라는 양면적 특성이 있다. 중립지대의 그림자는 감정적인 측면이 강하다. 중립지대에 있는 사람은 대부분 부정적인 감정에 빠진다. 우울함, 상실감, 공허함, 혼란스러움 등 어떤 감정이든 부정적이다. 그래서 중립지대를 대변하는 용어 역시 부정적이다. 미로, 안개, 어두운 숲, 심연, 막다른 길, 늪 등⋯ 중립지대는 '순수한 에너지의 초기 상태'로 복귀하는 시기이다. 중립지대의 긍정적인 면이다. 중립지대는 자기 안의 에너지의 원천을 확인하고 에너지를 모으는 기능을 한다. 이 에너지는 스스로를 거듭나게 하는 힘을 갖고 있다. 그래서 중립지대를 충실히 거친 사람은 진정한 전환, 즉 새로운 자기로 재생再生할 수 있고, 위기를 기회로 바꿀 수 있다. 하지만 중립지대를 전화위복의 계기로 삼는 사람은 많지 않다. 대부분의 사람들은 중립지대를 공중부양하듯이 그냥 생략하고 싶어 한다. 중립지대는 그 특성상 비생산적으로 보이고 부정적인 감정과 혼란스러운 내면을 견디기 힘들기 때문이다. 하지만 중립지대를 겪지 않고 생략하거나 빨리 건너는 건 위험하다. 왜냐하면 풀지 않은 문제는 반복되고, 매듭짓지 않은 위기는 결국 보복하기 때문이다. 이런 생각을 잘 표현한 말이 "인생의 중요한 시기에서 몇 번 편한 길을 택하고 나니, 어느새 코너에 몰렸다."는 것이다. 삶의 코너에 몰리지 않더라도 중립지대를 거부한 사람은 자신의 잠재력을 실현할 수 있는 기회, 가장 빛나는 자기로 거듭날 수 있는 기회를 놓친 것이다. 전환 전문가인 윌리엄 브리지스는 말했다. "중립지대를 거부하면 현실에 대한 인식과 목적을 깊이 깨달을 기회를 잃어버리고 마는 것이다. (…) 사과나무가 자라기 위해서는 한겨울의 추위를 견뎌내야 하듯, 우리는 중립지대를 절실히 필요로 한다." 전환과 중립지대에 대해 간단하게 설명하기 어렵지만 중요한 것은 모든 전환기는 전환의 과정을 포함하고 있고, 전환의 성패는 중립지대를 얼마나 충실히 거치는지에 달려있다는 점이다. 그래서 전환과 중립지대에 대한 이해가 중요하다.

박주혁 시인, 수필가, 소설가

2013 (사)한국미소문학 여름호 신인상 수상으로 시인으로 등단
개인 저서(시집)
첫 번째 시집 : 꽃가람(2016. 10. 28 레몬출판사 발간)
두 번째 시집 : 물의 노래(2021. 6. 15 이야기 담談 칼간)
세 번째 시집 : 상실! 그 아픈 흔적(2021. 10. 30. 레몬출판사 발간)
2025 강원문화재단 전문예술인 창작지원금 수혜
네 번째 시집 발간 준비 중
수상 실적 : 2020. 11. 원주예총 우수상 수상 외
현재 문학고을 회원 / 원주문인협회 이사 / 강원문인협회 이사

(2024. 4. 27 문학고을 수필 부문 등단)

현) 문학고을 강원지부 사무국장

술에 관하여

백분이

 술은 알코올 성분이 들어있어 마시면 취하게 되는 음료를 통틀어 일컫는다. 알코올 성분이 0.5~1%로써 나라에 따라 다르나, 우리나라에서는 주세법상 알코올 함량이 1% 이상인 음료를 술이라 칭한다. 술은 많이 마시면 몸에 해로우나 적당히 마시면 기분을 좋게 하고 마음을 흥분시킨다고 한다. 술은 만드는 방법에 따라 크게 발효주, 증류주, 합성주로 나뉜다. 발효주는 원료를 효모로써 발효시켜 만든 술로 양조주라고도 한다. 과실을 주원료로 한 포도주 등의 과실주와 곡류를 원료로 한 맥주, 청주, 탁주 등이 있다. 증류주는 발효된 술을 증류하여 얻는 술로 대부분 알코올 농도가 높다. 소주, 고량주, 위스키, 브랜드, 보드카, 진, 마오타이주 등이 이에 속한다. 합성주는 알코올에 향기, 맛, 색깔을 내는 약제를 혼합하여 만들거나 술끼리 혼합하여 만든 술로 혼성주라고도 한다. 약주, 가미 과실주, 약미주 등이 이 방법으로 만든 술이다.
 술의 역사는 인류의 역사만큼 오래 되었다. 기원전

3000년경에 이집트에서 이미 맥주를 만들어 마셨으며, 그 제조법이 기원전 1500년경에 기록된 그림 문자로 전해진다. 우리나라에서는 고구려의 시조 주몽(동명성왕)의 건국 설화 중에 술에 대한 이야기가 처음으로 기록되어 있다. 인류는 살아가면서 음식을 저장해야 할 필요성을 느끼게 되어, 먹다 남은 과실을 모아 두게 되었고 그것은 또한 당연한 일이겠지만 시간이 흐름에 따라 자연적으로 발효되어 술로 변하게 되었을 것이다. 그리고 그것을 마셔본 인류는 과실을 그대로 먹었을 때와는 달리 이상하게 흥분된다는 사실을 깨닫게 되었고, 그 황홀한 맛에 이끌려 이번에는 야생 과일을 대량으로 따다가 그릇에 넣어 이상한 액체가 만들어지기를 기대했을 것이다. 이것이 인류가 의식적으로 술을 만들어 마시게 된 시초일 것으로 여러 학자들에 의해 추측되고 있다. 술맛을 알게 된 인류는 이것을 좀 더 대량으로 만들고자 하는 욕심이 생겼고 그리하여 산에서 과실나무를 캐다가 주거지 근처에서 재배를 시작함으로써 점차 술을 인류의 것으로 만들어 갔을 것이다. 그리고 여러 가지 역사적 사실을 통해 볼 때 당시에 이용된 과실은 주로 포도였을 것으로 보이며, 따라서 인류 최초의 술은 포도주였을 것으로 믿어진다.

포도는 원래 야생식물로서 그 발생은 중앙아시아 카스피해 연안인 코카서스 지방이라 전해지는데 지구상에는 약 1만 년 전부터 있었다고 한다. 역사적 사실로 미루어 보더라도 기원전 4천 년 청동기 시대의 분묘에서 포도씨가 발견되고 있으며, 이집트에서는 피라미드의 부장품에서 술 항아리가 출토되기도 하고 묘지의 벽화에는 포도주를 만드는 모습이 그려져 있기도 하다. 이런 점들로 미루어 기원전 4000년~5000년경에 이미 포도주가 만들어지고 있었다는 것이 정설로 되어 있다. 포도주 다음으로 인류가 만들어 낸 술은 곡주일 것이다. 곡주의 시초는 서양의 경우에는 보리술, 동양의 경우에는 쌀술이었을 것으로 보인다. 과실주인 포도주에 비해 곡주가 늦게 시작된 것은 그 원료가 되는 곡류를 재배, 저장하는 단계를 거쳐야 했으므로 당연하다 여겨진다. 곡주는 지리적 조건이 포도 재배가 쉽지 않은 지역에서 발전하기 시작했는데, 고대 이집트 지방의 벽화 등 유적으로 보아 기원전 3000년경에 이미 맥주의 원형이 있었던 것으로 여겨진다.

소주는 본래 한자어이고, 그 어원을 살펴보면 다음과 같다. 증류주를 뜻하는 말로 아라비아어의 '아락'(Arag), 만주어의 "아얼키'(亞兒吉), '아라키'(亞利吉), 범어의 '아률타'(Amrta) 등이 있다. 우리나라 평북 지방에서 산삼을 캐는 심마니들이 사용하는 은어에 소주를 '아랑주'라고 하는 말이 있으며, 개성에서는 소주를 '아락주'라고 한다. 따라서 우리 말의 아랑주니 아락주니 하는 것은 고유어가 아니라 외래어라 보는 것이 타당하겠다. 명나라 학자 이시진이 지은 본초강목에 소주는 원나라에서부터 시작되었다고 씌어있다. 원나라는 페르시아의 회교 문화를 받아들였으며 중국을 석권하고 한반도까지 영향을 끼쳤다. 소주는 페르시아에서 몽골, 만주를 거쳐 서기 1300년경 고려 후기에 우리나라로 들어온 것으로 추측된다. 소주는 곡물로 만든 술을 고아서 이슬처럼 받아내는 술이라 하여 노주盧酒라고도 하며 그 밖에도 화주火酒, 한주汗酒, 백주白酒, 기주氣酒 등으로 불렸다. 우리나라에서 소주는 고려 시대부터 시작되어 조선조까지는 사치스런 고급주로 분류되었다. 조선조 성종 때의 사간이었던 조효동은 민가에서 소주를 음용하는 것은 매우 사치스러운 일이라 하여 왕에게 소주 제조를 금지하라는 명을 내리도록 아뢰었다고 한다. 단종은 몸이 매우 허약하여 조정의 중신들이 약으로 소주를 고아 올렸다는 기록도 있다.

맥주는 메소포타미아에서는 BC3000년경에 맥아를 빻아 빵을 만들어서 주식으로 삼았던 소아시아의 수메르인들이 처음으로 맥주를 마셨을 것으로 추측하고 있으나, 단연 이집트인들의 술이었다. 이집트인들에게 맥주는 다양한 용도로 쓰였다. 이집트인들은 마시기도 했지만, 벌레에 물리거나 위급한 병 등 온갖 병에 효험이 있는 만병통치약으로 사용했다. 이집트인처럼 그리스인과 로마

인도 맥주를 마셨고 시저의 군대는 갈리아(중유럽)와 영국에 맥주 파티 풍습을 전파했다. 중세 시대에는 수도원에서 맥주 양조를 독점하여 수도사들의 주머니를 두둑하게 해 주기도 하였다. 그 뒤 1040년 서독의 프라이징에 상인들이 바이헨 슈테판 양조장을 세웠고 1292년 보헤미아의 필센 지방에 맥주의 황태자인 필스너가 나타났다. 필스너는 석회석 동굴에서 반년 동안 숙성되어 독특한 맛이 일품이었다. 그 당시의 맥주는 귀족들의 전유물로 궁궐에서 밤마다 흥청망청 생맥주 파티를 열곤 했다. 근대로 넘어오면서 맥주는 귀족의 손에서 시민의 손으로 넘어갔으며, 부르주아와 노동자층 모두에게 사랑받는 음료가 되었다. 19세기 프랑스의 생물학자 루이 파스퇴르는 맥주의 역사에 중요한 공헌을 했다. 그전까지 맥주는 발효균을 살균하지 않은 생맥주였으나, 루이 파스퇴르는 저온살균법으로 오늘날과 같은 질 좋은 맥주를 맛보게 해 주었다. 최근에 제조된 비 열처리된 맥주는 저온 살균된 맥주보다 맛이 더욱 부드럽다. 저온살균 맥주는 발효된 맥주를 여과할 때 단백질 등의 불순물을 처리하기 위해 60도로 살균 가열 처리하지만, 비 열처리된 맥주는 저온에서 미세한 필터로 효소와 잡균을 완전히 제거해 맥주의 맛을 부드럽게 하고 신선함을 오랫동안 보존하기 때문이다. 한편 캔맥주는 1935년 '마신다'라는 의미의 라틴어 '비버리(Bibere)'에서 유래되었다고 하고, 게르만족의 곡물이라는 의미의 '베오레(Bior)에서 유래되었다고도 한다.

 취기가 있으면 흥분되어 기분이 좋아진다고 하여 이전에 술을 배워보려고 했었다. 술에 대한 추억으로는 ○○○○고등학교 근무 시절, 여교사들만 나이트클럽에 갔던 적이 있었다. 그곳에서 나오는 맥주보다는 와인이 쓴맛이 적고 맛이 더 좋을 것 같아서, 미리부터 마주앙을 몰래 한 병 가지고 들어가서 무조건 제법 많이 마셨다. 그런데 위장의 통증을 느껴 결국 약국에서 약을 사서 먹고 회복이 되었다. 또 한 번은 한 가지 술보다는 두세 종류를 같이 마셔야 빨리 취한다고 하여 그렇게 해보았다. 친정의 집안 행사 때 소주와 맥주를 섞어서 마셔댔더니 이번에는 구토를 많이 해서 큰 언니가 뒤처리한다고 애를 먹었다는 말을 들었다. 그 뒤로는 술은 아무나 하는 것이 아님을 깨닫고 술을 배워보겠다는 마음을 포기했다.

 현재까지 먹어 본 술 중에서 가장 순하게 잘 넘어가는 것은 시중에 나오는 '매취순'이다. 글가루가 약간 섞여 있는 그 술은 일단은 순하게 느껴져서 목에 잘 넘어간다. 그 제품이 경남에서는 보기가 드물다며, 내가 그 술을 제일 좋아한다고 남편이 본 김에 세 병을 사서 들고 온 적이 있었다. 때가 왔다 싶어 한 병을 무조건 다 마셨더니 마음이 좋아지기는커녕 슬픔이 파도처럼 밀려오면서 눈물이 펑펑 쏟아져 울고 말았다. 한때 막걸리와 와인이 몸에 좋다 하여 맛을 느껴보려고 했으나, 결국 술맛을 제대로 느끼지 못하고 말았다. 대학 시절 친구와 여름에 카페에서 생맥주를 마셨는데, 계절 탓인지 약간의 시원함을 느껴보았던 것이 그나마 가장 좋은 추억이다.

 '사랑은 아무나 하나' 하는 유행가 가사처럼 술도 아무나 마시는 게 아님을 체험했다. 생각해 보니 유전적인 영향이 큰 것 같다. 아버지는 애주가이셔서 돌아가시기 두 달 전까지 머리맡에는 대병 소주병이 언제나 자리하고 있었다. 아버지는 식사 중 반주는 소화제라고 하시며 평생 술을 즐겨 드셨다. 그런데 우리 어머니와 오빠는 술을 전혀 하지 못하셨는데 나도 마찬가지인 모양이다. 예전에 경양식집에서 나오는 와인은 달콤한 맛에 약간씩 마셔보았다. 그런데 요즈음 남편이 반주로 와인을 가끔 마시면서 새 병을 딸 때마다 조금 따라 줘서 마셔보긴 하지만, 역시 텁텁하고 짠맛 외에 좋은 맛은 느껴보지 못한다. 술이 한 잔 들어가면 흥분되어 기분이 좋아진다는 술맛은 아무래도 내 생애에는 영영 느껴보지 못할 것 같다.

백분이 수필가

진주여자고등학교 · 경상대학교 가정교육과 졸업
경상남도 중등학교 36년 근무
작품집: 남가람(2015, 우리출판사),
삶, 그 길 위에서(2024, 도서출판 사람과 나무)
2025. 문학고을 수필부문 당선 등단.

스스로에게도 지켜야 할 말 말 말

신경희

　한동네에 살던 인연으로 가깝게 지내던 어르신의 장례 미사를 가는 길에, 성당 자매님을 만났다. 걸어가면서 그동안 뵙지 못한 동네 할머니의 안부를 묻자, 출타는 못 하시지만 살아는 계시다는 말끝에 '인제 그 양반 돌아가시면 다음은 내 차례야' 하시는데 '다음은 내 차례'라는 말이 가슴에 콕 박히면서 '아 그러면 그다음이 바로 저네요.' 소리가 나왔다.
　오래전 잠시 농촌 마을로 이사를 가 머무를 때 반갑게 맞아주셨던 어르신들의 모습과 애처롭게 바라보며 염려를 주셨던 표정이 떠오른다.
　그때는 참 많이도 아팠다. 동네 분들이, 고개조차 들지 못하고 비틀거리며 다니는 모습을 보고 곧 죽을 것이라고 했는데 70을 넘겨 아직 살고 있으니, 70 넘은 생은 기적이요 여벌이라고 했으면서도 막상 '내 차례'라는 말을 들으니 그 기적도 서서히 끝을 향해 가는구나 싶은 마음이 들며 기분이 명쾌하지는 않은 채 미사를 마치고 나오는데 이번에는 성당 교육 봉사 중에 가장 열심히 공부하셨던 어르신이 반갑게 다가와 꼬옥 안아주시면서 얼굴이 옛날보다 좋아 보여 기쁘다고 하신다. 세월의 주름이야 어쩔 수 없지만 전에 힘들던 때보다 안색이 좋아지고 비틀거림이 없어진 것을 보시고 하는 말씀으로, 미사 내내 죽음을 묵상하면서 가라앉았던 기분이 한결 가벼워지는 것이 몇 번의 고비를 넘기고도 이만큼 살고 있음에 다시 감사의 마음이 일었다.

이렇게 잠시의 만남으로 짧게 주고받는 말도 순간의 행복과 불행을 오락가락하게 만드는 것을 생각하면서 언제 어느 때건 입에서 나가는 말은 스스로에게도 축복이 되고 저주가 될 수 있음이 느껴지고 간단히 "그러셨군요. 건강히 오래 사셔야지요." 하고 축복으로 끝났으면 될 것을 "그다음이 바로 저네요."라고, 급히 말해놓고는 뱉은 말이 마음에 걸렸던 시간, '다언필실多言必失' 곧 말이 많으면 반드시 실수가 따른다는 말의 의미와 "누가 말을 하면서 실수를 저지르지 않으면, 그는 자기의 온몸을 다스릴 수 있는 완전한 사람입니다. 말의 입에 재갈을 물려 복종하게 만들면, 그 온몸을 조종할 수 있습니다.~ 혀도 작은 지체에 지나지 않지만 큰 일을 한다고 자랑합니다. 아주 작은 불이 얼마나 큰 수풀을 태워 버리는지 생각해 보십시오.~~혀도 불입니다. 또 불의의 세계입니다. 이러한 혀가 우리의 지체 가운데에 들어앉아 온몸을 더럽히고 인생행로를 불태우며, 그 자체도 지옥 불로

타오르고 있습니다."(야고3,2~6) 라는 성경 말씀을 오랜만에 떠올려 묵상도 해 보았다.

 전에 비해 사회 활동이 늘어난 요즈음 더구나 집단보다 개인의 행복을 우선하면서 자신의 목소리를 크게 내고 창의적인 사고를 제시하는 MZ세대 작가들과도 함께 어울리는 시간이 많아지는 때에, 자칫 '라떼는 말이야'를 내세우며 꼰대 짓을 하는 것은 아닌지, 나이 들수록 '입은 무겁게 지갑은 가볍게'라는 노인의 덕목 중 하나를 제대로 실천하고 있는 지도 돌아보면서 상대에게 상처를 주는 것이야 당연히 조심해야겠지만 생각 없이 뱉은 말로 스스로 족쇄를 만들지 않도록 내가 나에게 주는 말도 축복의 말이 되도록, 나를 보듬어가기로 한다.

청곡 신경희 시인, 수필가

서울 출생. 숙명여자대학교 사학과
중등 교사 역임
*등단
문학 고을 시, 수필 /강원 문협 시조/브런치 작가
*수상
문학고을 신인문학상.문학고을 최우수 작가상 청목상 (작가대상) 수상
제8회 보령해변시인학교 전국 문학작품 공모전 은상
제9회 항공 문학상 수필 최우수상
제20회 장애인 문예 글짓기 최우수상
제61-62회 강원 예술제 강원 사랑 시화전 우수 동상
제5회 경북이야기 보따리 수기 공모전
제8회 전국 여성 문학 대전 시 부문 최우수상
제3회 디카시조 문학상 겨울 공모전 단장시조 장원...외

*저서
시세이 〈오메어쩔까〉
동인지 〈문학고을 시선집 1-17집 ; 오월에 피는 꽃; 삼행시 꽃 피었습니다.
　　　강원 문단 ; 강원문학 ... 외〉
*활동
문학고을 자문 수석고문 현) 부회장, 강원 문협회원

내 나이 열두 살 엄마 나이 서른여섯 때 이야기(재인아 내 얘기좀들어 보렴)

이상학

  내가 초등학교 입학과 동시에 시작된 엄마의 야채장사가 어느덧 5년이라는 시간이 흘렀다. 엄마는 수완 좋은 장사꾼으로 변해 있었고 거칠고 힘든 시장 생활에 완전히 적응되어 있었다.
  손님의 눈빛을 읽으며 흥정을 하였고 밑지고 준다지만 밑지지 않았으며 때로는 단골을 만들려고 덤을 주었고 자주 오는 손님에게는 세상에서 둘도 없는 친구처럼 맞아주셨다.
  당시 우리 집은 또 다른 힘든 변화가 생겼다.
  전 재산을 노름으로 날리신 아버지는 우리 가족들을 데리고 야반도주 하듯 고향을 떠나 안성이라는 낯선 땅에서 살기 위해서 입에서 단내가 나도록 뛰고 뛰었던 아버지는 5년 만에 넓은 집을 장만할 정도로 열심히 사셨는데 갑자기 돌아가신 할아버지의 유산이 아버지의 삶을 급격히 바꾸어 놓았다.
  아버지는 시장 공판장을 인수해 운영하며 사업을 키웠고 밤에는 공판장에 붙은 골방에서 사람들과 모여 노름을 하기 시작했다. 그 노름은 밤늦게까지 이어졌고 매일 연속이었다. 그럴 때마다 엄마는 나를 공판장 안으로 들여보내 아버지를 나오시라고 하셨다. 그런 나날이 반복되었다.

집에 가서는 술상이 차려졌고 술이 과한 날은 상다리가 부서지고 집안의 살림살이는 하나둘 깨지고 부서져 나갔다. 엄마는 울고 우리 남매들은 그 모습을 지켜보고 있었다.

그 당시 삶이 힘들고 고단할 때면 엄마도 막걸리 한 잔씩 마시곤 했다. 막걸리 한 사발로 삶의 고단함과 아버지의 이탈을 잊으려 하신 것 같았다.

학교 수업이 끝나 집에 와 보니 못 보던 커다란 물건이 들어와 있었다.

엄마에게는 오래된 라디오가 있었다. 커다란 배터리를 등에 지고 있던 라디오를 엄마는 소중한 보물처럼 늘 함께 하셨다. 집안 살림을 하실 때나 시장에 나가서 장사를 하실 때도 꼭 끼고 있었던 라디오를 부부싸움 도중 박살이 났다

그 라디오를 평소에 좋아한다는 것을 아시는 아버지는 미안했던지 커다란 전축을 엄마한테 선물하신 거였다.

안방 중앙을 차지하고 있던 TV를 윗목으로 밀어내고 한쪽 면을 다 차지한 아주 커다란 전축이 위엄스럽게 진열되어 있었다. 그 전축이 집에 오면서 우리 집에는 또 다른 풍경이 펼쳐졌다. 동네 아주머니들과 아저씨들이

번갈아 가며 집에 와서 그 전축에서 나오는 노래를 듣곤 하였으니 말이다.

"장소팔 고춘자"의 만담, 이은관의 배뱅이굿, 서영춘의 시골영감, 이미자의 섬마을 선생님을 레코드판이 닳고 닳도록 노래를 듣고 따라 부르곤 했었다.

나 역시도 그 노래를 너무 많이 들어서 음계 하나하나까지 머릿속에 그릴 정도였다.

매일같이 전축에서 흘러나오는 노랫소리가 담장 넘어 밖에까지 들리곤 하였다.

어느 날 학교에서 돌아오니 넝마 줍던 넝마지기들도 넝마 망투기를 내려놓고 앞자락에 앉아 노래를 듣고 있었던 적도 있었다.

그렇게 전축이 우리 집에 들어오고 서너 달이 지나서였다.

마을 아주머니들과 막걸리를 마시면서 노래를 듣던 엄마가 술에 얼큰하게 취해 흘러나오는 노래에 장단을 맞춰 춤을 추고 계셨고 동네 아주머니들은 노래에 맞춰 박수로 박자를 맞추고 있었다. 엄마의 춤추는 모습을 처음 본 나는 엄마가 실성한 사람처럼 보였다.

생전 처음 보는 엄마의 춤은 트위스트 김의 트위스트 춤이었다.

내가 받아들일 수가 없을 정도로 망측한 춤이었다.

난 지체 없이 우물가로 가서 세숫대야에 물을 받아서 술상을 엎어버렸다. 일은 순식간에 벌어졌고 술판은 조용해졌다.

나는 그 행동이 끝난 후 잽싸게 집 앞 야산으로 도망쳤다.

날이 어두워지고 풀벌레 소리가 요란할 때쯤 어디선가 엄마가 애타게 나를 부르는 소리가 들렸다.

집으로 가는 뚝방길에서 엄마가 나에게 물었다.

"아들이 보기에 엄마 춤추는 모습이 싫었나?"

"응"

"왜?"

"그냥……. 엄마가 술 마시고 이상한 춤을 추는 게 싫어서"

"그래 알았다! 앞으로 춤 안 출 테니 걱정하지 마라."

엄마가 힘드실 때마다 막걸리 한잔 마시고 부르시던 섬마을 선생님, 동백아가씨도 그 날 이후 부르지 않으셨다.

그리곤 얼마 지나지 않아 아버지의 노름으로 인해 그 전축은 다른 곳으로 팔려 나갔고 가세가 기울면서 여덟 살 때 겪었던 상황을 열두 살 때 또 겪게 되었다.

35년이라는 세월이 흘러 엄마의 고향 천안에서 막내 외삼촌 환갑 잔치가 열릴 때였다.

엄마는 막냇동생 환갑에서 이모들과 함께 노래를 불렀고 분위기가 무르익자 일어나서 트위스트를 추기 시작했다. 그 모습이 너무나 즐겁고 행복하게 보였다. 철없던 어린 시절에 그걸 이해하지 못했던 내가 한없이 어리석었고 엄마한테 너무 미안했다.

   지금은 내 곁에 계시지는 않지만 다시 한 번 엄마의 노래와 춤을 볼 수 있다면…….

이상학 수필가, 소설가

62년 충북 진천 출생
시인의 정원 20집 공저
문학고을 신인문학상 수상
문학고을 등단 수필, 소설부문
현) 문학고을 인천부천 부지부장
현) 문학고을 문단발전위원장
공저
'종합문예지 청목' 시선집 다수

여름이면 열무김치를 먹어줘야지

이필수

큰애를 임신하고 도대체 맛있는 게 없었다.

그렇다고 입덧이 심한 것은 아니고 단지 맛이 없었다. 여름이라 날씨도 덥고, 몸은 피곤한데 입맛이 없으니, 기운이 더 빠졌다. 그 와중에 그래도 먹어내는 건 열무김치에 강된장을 넣어 비빈 열무 비빔밥이었다. 두어 달이 넘는 여름 내내 엄마는 열무김치를 만들고, 밥솥에 강된장을 쪄서 그걸 부지런히 우리 집으로 나르셨다. 덕분에 더운 여름을 잘 넘기고 태어난 딸이 올해로 30살이다. 그 아이도 열무 비빔밥을 좋아하고, 나도 여전히 잘 익은 열무김치에 된장이나 고추장을 넣어 비벼 먹는 걸 좋아한다.

6월이 들면 날씨가 벌써 여름이다. 시장에 나가 보면 열무가 지천이다. 한 단만 사서 담을까?

아니면, 서너 단을 담아 나눠 먹을까를 항상 고민한다. 대부분은 두 단을 사서 엄마와 나눠 먹는다. 그런데 엄마는 고춧가루를 넣지 않는 국물 김치를 좋아하고, 나는 붉은 풋고추를 갈아 넣은 김치를 좋아하니 어머니랑 따로 담아 각자 먹는 걸로 한다.

열무를 사 오는 날엔 집에 도착하자마자 밀가루 찹쌀풀부터 끓인다. 찹쌀가루를 미리 빻아 냉동실에 보관하면 김치를 담을 때도, 찹쌀 부꾸미를 부쳐 먹을 때도 유용하다. 찹쌀가루가 없으면 밀가루를 이용해서 풀을 끓여도 좋다.(부침가루, 튀김가루는 안된다) 종이컵으로 한 컵에 물 5컵 정도 넣어 끓이면 좋은데 좀 걸쭉해도 나중의 조절이 가능하니 굳이 신경 쓸 일은 아니다.

찹쌀 풀이 완성되면 적당히 식어야 하니 시원한 곳에 식혀두고, 이젠 열무를 소금에 절여야 할 차례다. 엄마는 열무 잎을 적당히 쳐내고 김치를 담그셨는데 내가 해 보니 굳이 잎을 잘라낼 필요가 없었다. 열무는 한입에 들어가기 좋은 크기로 잘라서 굵은 소금으로 간을 하면 된다. 이때 미리 씻을 필요는 없다. 어차피 절인 후 몇 번을 씻어야 하니 그냥 절이면 된다. 다만 소금으로 절일 때 마른 열무에 간이 쉽게 배지 않으니 한 층을 올리고 물을 살짝 뿌린 후 소금을 뿌리면 절이는 시간이 짧아져 좋다.

열무 간을 해 두고 양념을 만들어야 한다. 양파, 마늘, 액젓, 풋 붉은 고추, 고춧가루, 생강 약간 준비한다. 나는 열무 한 단 기준으로 양파는 한 개, 마늘은 한 뿌리(10알 정도?), 붉은 고추는 5개 정도면 된다. 그걸 깨끗하게 씻어 액젓과 함께 믹서로 잘 갈아 둔다.

적당하게 식은 찹쌀 풀에 갈아 둔 양념을 넣어 섞어주

기만 하면 끝이다. 이때 마른 고춧가루를 한 숟가락 넣어도 좋고, 아님 말고 별 상관이 없다. 마지막에 양념 간이 짭조롬하면서 들큰한 맛이 나면 제대로 된 거다.

열무 절이는 시간은 그야말로 적당하게 숨이 죽은 시간이니 딱히 몇 분으로 정하지는 않는다. 간을 하는 동안 두 번 정도 아래위를 뒤집어 숨을 골고루 죽이는데 우리 엄마 말씀으로는 너무 자주 뒤집어 손을 타면 풋내가 난다고 하셨다. 그러니 열무를 꺾었을 때 뚝 하고 끊어지지 않고, 낭창하게 휜다 싶으면 간이 다 된 것으로 보면 된다. 간이 된 열무는 흐르는 물에 서너 번을 씻는다. 나는 살짝 천천히 씻는데 소금 간이 빠져 나갔으면 싶어서 그렇게 한다. 잘 씻은 열무의 채반에 올려 십여 분을 두면 물이 적당하게 빠진다.

이젠 버무리기만 하면 끝이다.

물기가 적당하게 빠진 열무에 미리 만들어 둔 양념을 넣어서 버무리면 되는데 이때도 너무 바락바락 묻힐 필요는 없다. 그 망할놈의 풋내가 여기서도 날 수 있으니 살짝 몇 번 뒤집는다 싶을 만큼만 버무리면 된다. 양념은 좀 적다 싶은 게 알맞다. 김장 김치처럼 양념을 쎄게 넣으면 익은 뒤에 텁텁한 맛이 도니, 가능하면 양념은 좀 작다 싶을 만큼 하면 된다.

이젠 내가 할 일은 끝이 나고, 김치와 김치통이 알아서 잘 익힐 것이다. 초봄엔 이틀 정도 밖에 두고, 여름이면 하루를 밖에서 재운다.

아~ 입안 가득 침이 고인다.

잘 익은 열무를 좀 잘게 썰어 흰밥에 넣고 고추장을 조금 넣어 쓱쓱 비비면 여름 더위쯤으로 입맛 잃을 걱정은 없다. 아참. 나는 고춧가루는 청양고추를 사용한다. 그러면 익었을 때 매콤함이 한 맛 더 낸다.

이필수 수필가

1971년 경남 진주시 출생
1988년 진주여자고등학교 졸업
1992년 경상국립대학교 졸업
1992년 4월 ~ 현재 : 진주시청 근무
문학고을 신인문학상 수상
문학고을 등단 수필 부문
문학고을 청목문학상(작가대상) 수상
공저
문학고을 '종합문예지 청목' 참여

오늘도 남는 장사 하겠습니다

정미라

 매장을 오픈함과 동시에 기다렸다는 듯 가게 안으로 뛰어 들어오시는 손님. 지난달에 사 가셨던 만 원짜리 바지가 몇 번 빨았더니 보풀이 생겼다며 새 것으로 바꿔 달라신다.
 "손님, 사 가신지 한 달이나 지난 옷을 어떻게 바꿔 드려요. 백화점 옷도 교환 반품은 2주인데 동네에서 이러시면 안 되죠." 라고 정색을 하며 쏘아붙이고 싶었으나, 숨 한번 크게 내쉬고는 웃으며 새 옷으로 바꿔드리겠다고 말씀 드렸다.
 "아이구 보풀이 정말 심하게 일었네요. 저렴한 상품이긴 하지만 옷감이 이 정도로 나쁠 줄 몰랐어요. 다음부터는 품질 체크 잘해서 가져올게요. 죄송합니다."
 그랬더니 손님 얼굴에 당황하는 기색이 엿보였다. 홧김에 가져오기 했지만 쉽게 보상해 줄 거라 예상 못했을 것이다.
 "아니 뭐 사장님이 죄송할 것까지는 없고요, 제가 사실 이 바지를 아주 잘 입었는데 몇 번 세탁했더니 이렇게 돼

버려서 속상하더라고요. 달리 입을 옷도 마땅찮고, 또 사러 가기도 귀찮고. 어떻게 옷을 한철도 못 입게 만들었나 싶으니까 화딱지가 나서요."

"아 그러셨군요. 저도 예전에 좋아했던 티셔츠에 락스가 튀어서 못 입게 되니까 기분 나쁘더라고요. 다른 상품으로 교환해 드릴 테니까 마음 풀어주세요."

"아 정말요? 그러면 저도 염치가 있는데, 그냥은 못 가져 가고 조금만 깎아 주시면 좋을 것 같아요."

"이해해 주셔서 감사해요. 요즘 옷들은 원단이 워낙 예민해서요. 특히 여름철 옷은 가볍고 시원한 반면, 세탁이나 마찰력에 취약해요. 그러니까 가급적 손세탁 하시는게 좋고, 세탁기에 돌리시더라도 망에 넣어서 울 코스로 살살 돌리면 좋아요."

손님은 차분히 내 얘기를 듣더니, 바로 마트에 들러 세탁망부터 사야겠다고 하셨다. 그리고 가게를 나가시면서 다음에 또 들르겠다고, 앞으로는 절대 진상 안 부리겠다는 약속까지 해주시고 가셨다.

그렇게 첫 손님을 웃으면서 보내드린 덕분인지 나는 하루 종일 마음 편하게 장사 할 수 있었고 오시는 손님마다 밝고 친절하게 맞아드릴 수 있었다. 만약 내가 첫 손님과 옥신각신 실랑이를 벌였더라면 싸움의 승패와 상관없이 하루 종일 찜찜하고 불쾌했을 것이고, 그것은 다른 손님에게 좋지 않은 이미지를 심어주었을 것이다.

장사를 오래 하다 보니 자연스럽게 깨닫게 된 것 중 하나는 그 어떤 불미스러운 상황에서도 최대한 긍정적 마인드로 대처하는 것이 상대에게도 나에게도 좋더라는 점이다.

손님은 손님대로 불만이 해소되어 좋고, 나는 나대로 굳이 화내지 않고도 문제를 해결할 수 있어 좋았다. 그렇게 하루를 보내고 마감 준비를 하고 있는데 오전에 오셨던 그분이 다시 오셨다.

"아직 퇴근 안 하셨네요. 제가 오늘 저녁에 카레라이스를 했는데 제법 맛있게 돼서 가져왔어요. 아침부터 진상 부린 게 종일 맘에 걸려서요."

감동이었다. 생각해보면 대한민국 아줌마들은 다들 비슷한 거 같다. 손해 보는 걸 못 참고, 알뜰한 습관을 신념처럼 지키지만, 막상 마음을 열면 한 없이 정을 주고 받는다.

이 분들의 마음은 돈으로 살 수 없는 귀한 마음이다. 써도써도 닳지 않고 얼룩지지 않는 마음. 일 년이 지나도 십년이 지나도 교환이나 반품이 필요 없는 마음. 그러니까 상품으로 따지자면 명품 중에 명품. 나는 비록 싸구려 상품을 팔지만, 귀하고 귀한 명품의 마음을 받고 있으니 이보다 더 좋은 장사가 어디 있을까 싶다.

덕분에 오늘도 남는 장사 잘했습니다.

정미라 수필가

74년 나주 출생
조선대 이공대학 전자계산학과 졸업
웹디자이너 (시사저널 홈페이지 작업 경험)
의류소매업 운영
하이텔 문학 동호회 "삶사랑" 가입 후 꾸준한 글쓰기
sns : 트위터에 단상 및 일상 기록
(팔로워 8천여 명) https://x.com/ottzzom
개인 수필집 출간 예정
문학고을 신인문학상 수상
문학고을 등단 수필 부문

형! 심각해요! 오해예요!

정안나

　제가 너무 늦었나요? 인사도 없이 죄송합니다. 하지만 제가 인기척도 없이 헤어진 지 벌써 만 38년째이니 생사를 확인하기조차도 어려운 상황에서 급한 안부를 먼저 꺼내는 것이 당연하지 아니 할 수 없지요. 믿어지세요? 믿기지 않지요? 저도 그래요.

　자의 반 타의 반 주소도 전화번호도 도무지 알 수 없는 시간들, 1995년 IMF보다 먼저 시작된 남편의 사업 부도를 20여 년간 너댓 번이나 맞고서야 늘 재확인하듯 하는 것이 전자회사와 직통하는 우리 학과 안부들이었죠. 형뿐만이 아니라 우리 전자과 반장 언니를 비롯하여 여학생 동기들과 초중고 모든 친구들과도 담을 쌓듯 살아온 건 제 탓이기도 하지만 처음부터 그리하고자 한 것은 아니었어요. 제가 이렇게 소식의 힘을 빌려 이야기하는 것이 연애라고 여기신다면 아마 저는 이미 38년 전에 형을 버렸을 오해라는 걸 모르지 않으실 거예요. 저는 아직도 사실 직업훈련원이라는 기관이 그다지 입에 담고 싶은 맘은 없는 이유로 그냥 학교라고 말하지요. 직업훈련 기관에서 강의를 하거나 직접 운영도 가능한 현실정임에도 불구하고요. 물론 1986년 광주직업훈련원에 우리들이 입학하였을 당시 이미 전문과정이 시작이 되었었고, 분명 전문대 수준의 대학본부와 학교의 위엄을 보고 즉시 입학을 하겠다고 결심을 한 저였지만 정규교육 외적인 평생교육이 실현되는 장場에 대한 올바른 인식 재고 再考의 필요성을 늘 염두念頭하게 하는 것은 어쩔 수 없는 우리들 양심의 갈등들이 아닐 수 없음을 기억해요. 정말 반가워요. 진정 형들에게 안부를 전할 이유들로 수필가로 당선을 했다고 하여도 틀리지는 않아요.

형을 비롯한 네 명의 형들과 KH와 낯선 평택에 갑자기 조기 취업이 된 1986년 10월부터도 우리들의 여정은 학과의 이슈issue가 당연했겠고, 조기 취업처럼 조기 퇴사한 제게, 그 무렵 '형'이라는 대중가요도 라디오에서 반갑게 들렸었지만, 저는 편지를 형들에게 쓴 건 아니었고 다른 동기 아이들이 썼을 수 있는 아름다운 일들이지요. 저도 펜팔Pen Pal 경험이 1984년 초겨울 서울에서 있었어요. 산학협력업체의 명성여고 1학년을 자퇴 후 망연자실하듯 우연히 'TV가이드'라는 잡지를 통해 기숙사 같은 방 언니들과 함께 참여한 에피소드들로, 우울한 맘 달래기에는 신나는 일이 맞지요. 다만 예법에서 벗어나지만 않는다면요. 그렇다 하여 오랫동안 주고받은 것도 아닌

단 한 번으로 종료되었고. 하지만 나름 추억의 향기를 지닌 소중한 날들에 있는 일들이니 우리 반 여학생들의 편지가 형들에게 있었다면 즐거운 날들의 회상이 당연하겠지요.

저는 여전히 1986년 그때나 다름이 없는 것이 맞고요, 다만 2주마다 쇼트커트를 하던 저는 그 이듬해 봄 종결이 되어 허리까지 닿던 긴 생머리는 저의 새로운 트레이드마크trademark가 되기도 하였고, 퍼머도 하고 립스틱도 바르게 되었지요. 결혼식을 1993년에 올린 남편과 세 딸이 있다는 가정주부가 제 중심이 된 것이 당연하고요, 사실 아름다운 추억들임에도 서로의 삶에 부담이 되지 않기 위해 다 잊고 싶었던 것이 진심이며, 그렇게 살아왔었고 그리하다 부도라는 어마어마한 위기를 당하고서야 안 되겠다 싶어 다시 이어보는 일들이 되풀이되는 현실들이지요. 제 결혼식을 앞두고 학과장님과 다른 선생님들께 MS와 열차를 타고 직접 찾아가 뵙고 결혼 소식을 전해드림으로 그나마 선생님들께서는 알고 계셨습니다.

본론으로 들어가서 매우 급한 일들 중 첫 번째로 꼽는다면 KH는 12년여 전 간암과 폐암으로 하늘로 갔고요, 저도 지인들을 통하여 듣게 되었던 부음訃音이었기에 아직까지도 길가의 행인들이 KH로 보이는 착시가 나타나기도 하고 형들이 알고 있듯 우리들 여섯 한 집에 같이 자취할 때, 친자매처럼 밤새도록 서로의 말벗이 되기도 하던 그 애가 반가운 반면 괴로운 지경이며, 다만 '나를 하지 말라'는 제 경고를 무시한 값으로 간 길이니, 이즘에서 윤동주 시인의 '하늘과 바람과 별과 시詩'의 '나는 나의 길을 걸어가야겠다'의 길을 이야기하지 않을 수 없는 마이웨이My Way를 걸어야 한다는 말씀이지요. 형의 입장만으로도 '왜 네가 KH니!'가 당연한 온당한 길인 것이지요. 다만 1988년 서울에 방을 얻고 자취를 시작하며, 형들과 함께하던 당시 KH에게 '함께 유학遊學 하자'는 제 편지 권유에 동참을 하여 서울로 상경 후 KH의 학업의 길이 다시 열렸었고, 그 첫 발자국들에서 KH는 광신도적 신앙생활로 저를 놀라게 하며 새벽이면 가까운 작은 교회에 다녀와서는 제 이마에 손을 얹고 기도를 했었지요. 그 일이 두어 차례로 끝나게 되었던 것은 잠결에 KH의 손을 제 이마에서 느끼고 놀라 눈을 뜨며 버럭 화를 냈었고, KH도 놀라며 마지막이 되었었지요. 1986년 입학 직후 방황하는 KH에게 팔베개를 해준 제가 있었고, 그런 저를 '언니는 이 세상에서 내가 처음 사랑한 사람이야. 꼭 우리 엄마 같아.'라는 말과 편지로 답하여 저를 놀라게 하고 어리광을 부리더니 다시 그 기도를 감사히 여긴 저로 말미암은 이 길이 그 길이다 할 수도 있겠지만, 그래도 서로에게 가정이 있는 상황에서 남편들끼리 바뀌지 않도록 주의하자는 제 경고가 제대로 반영되지 않은 결과로서의 길이었으니 그리워도 화를 냄이 당연하지요. 또한 KH의 세상과의 이별 소식을 전혀 모르는 사람들 간에서는 KH의 결혼 전 그대로의 생활이 현재 일상에 연장되듯하여 남편과 남매를 두었던 KH 부활설에 가까운 현실들일 수 있으며, 생존하는 제가 죽은 자 처리되는 현상들로 피해가 유발되기도 하는 것이니 이를 알리지 아니 할 수 없어 우선 말씀드려요. 사실, KH도 형들처럼 저에 관해 많은 것을 아는 듯했지만 제 학교 생활에 관한 이야기를 제가 특별히 한 적이 없지 싶고요, 그런 이유로 저를 다른 사람이라고 오해가 되어 중요한 일들이 자꾸 어그러지고 저를 배제하게 됨으로 보여 지면으로나마 전해드립니다. 저와 KH만 잘 풀어도 제 주변 동성애나 오류들 관련 문제는 한 짐이 풀리는 것이 당연하겠고요. 이런 이야기를 왈가왈부한다는 자체가 의심 받을 대상이기도 할 수 있지만 두고 보기만 한다 하여 이뤄지는 것들이 아니며 피해만 산더미처럼 가중되어 공든 탑들이 언제 쌓았더냐 하며 무너지는즉, 벌레는 빨리 살충제를 사용하여 잡아야 하는 것이지요. 로버트 프로스트(Robert Frost, 1874년 3월 26일 ~ 1963년 1월 29일, 미국 시인)의 시詩 「가지 않은 길」의 마지막 연처럼 두 개의 길을 관망하며 가지 않았던 길, 그러나 선택한 길로 인하여 모든 것이 달라졌다고 반추反芻 할 것이라는 예상처럼 〈사람들이 덜 다닌 길〉 위에서 늘 방황하고 괴로워했음을 고백하게 되었다는 것을 개척자처럼 말하게 된 현실입니다. 즉, 대인류는 고속도로를 선택하여 다니지만 남다른 길을 가고자 하는 인간의 욕망에 의한 색다른 길에서의 갈등들이었다고 볼 수 있는 것이지요. 제게 전자과도 사실 그러한 길이었고, 자퇴한 고교를 1985년 다른 학교로 재입학을 위해 귀향하여 쉬던 중 고향 아버지의 권유로 '읍사무소의 워크숍'에 동원되어 1주일가량 읍사무소 직원들과 친구의 언니와 봉사활동을 여관에서 진행하며 추천받아 갔던 우연한 길이 저의 전자과였습니다. 생각보다 너무 신나고 공부만 전념할 수 있기를 희망한 만큼 형들도 아시다시피 국가자격증 3개를 취득한 해였으니 제겐 너무 감사한 한 해였지요.

오늘 이 글은 시차를 반영하듯 동분서주로 이 일 저 일 섞어가며 많은 시간을 필요로 하였습니다. 아시지요? 형들과 다른, 저나 KH나 MS는 여성이라는 것을요. 입학 직후 학교와 담임선생님의 방침에 의하여 전자과 B반 여학생들 전원은 남학생들에게 오빠가 아닌 '형'이라고 부르도록 지침 된 여대생의 생활과 같았던 「1986년 광주직업훈련원」, 현재는 「한국폴리텍5대학」이 되어 대학 홈페이지 몇 페이지에서 형들과 여학생 동기들의 모습도 확인이 되고 있어 진실로 감동하며 저장해 두었지만 또한 놀랐던 것은 저나 KH나 MS는 없는 사진들로 더구나 닮은 사람을 저라고 지목 당하기도 하여 봉변 중이었나 싶어 이루 말할 수 없이 슬프기도 하였습니다. 하기는, 형들도 전원 동참된 사진은 아닌 것으로 아마 토요일 주말에 집에 다니러 간 날 CBS 라디오 방송국에서 내방하여 제작한 프로그램으로 참여 의사를 확인하는 절차가 있었으나 저는 집에 다녀오는 것이 더 필요하여 불참한 효과, 그 효과로 지금까지 불행인 것인지 진지하지 않을 수 없습니다.

그러니까, 형들의 기억이 KH와 MS를 제게 붙였기도 하다는 거죠? 이유 불문하고 1986년에는 친자매들처럼 화친한 우리들이었으니요. 저도 그리운 시절이 당연하지만 그때나 지금이나 변함없는 건 여전히 변함이 없는 저로 하여 KH도 MS도 지상에서 사라지는 중인가 하여 너무 슬픕니다. 그 길에서 우연처럼 형들도 그 아이들과 동행으로 죽음만을 바라고 살고 계시지는 않겠지요? 벌써 일흔 고희古稀를 앞두고 계시다는 걸 누가 알까요. 믿기지 않지요, 고희를 앞두신 분께 제가 「형」이라고 하다니요! 그것도 여인女人인 제가요! 40년 이상 무소식들이던 초중고 제 친구들이 제게 놀라고 미쳤다고 판단할 수 있는 커뮤니케이션이 그들은 전혀 짐작하지 못했던 이 길들이지 싶어 급히 전해드립니다. 실제로 커밍아웃하고 트랜스젠더가 된 자들은 제가 당연히 아니에요! 거론할 가치가 필요 없는! 아시지요?

저는 순수문예지 「문학고을」에 있어요! 인터넷 검색하면 제 블로그에서 언제든지 볼 수 있어요! 형! 죽지 마요! 동명이인 '정안나 수필가'와 '정안나 시인'은 다른 사람이에요! 1986년 광주직업훈련원 전자과 정안나는 2024년 11월 문학고을 수필가로 당선된 사람으로 지금 이 글 쓰는 바로 저예요! 전자과 담임선생님과는 당선 이후 어렵게 전화 통화로 안부를 드렸습니다. 감사히 받아 주시고 격려해 주시어 진심으로 감사했지요. 죽음에 지면 안 돼요! 죽음은 죄의 삯일뿐이에요! 고희가 코앞이시겠지만 제게는 여전히 20대 청년 형일뿐이에요! 저 역시 그렇고요! 물론 다 같이 동창회처럼 다시 뵈면 갱신된 모습들을 확인할 수 있겠지만요. …… 애들 아빠가 가져온 커피믹스 스틱이 4개 남았어요. 아니, 2개 남은 거예요, 집에 2개 남아 있었거든요. ……

P.S : 「죄의 삯은 사망이요 하느님의 은사는 그리스도 예수 우리 주 안에 있는 영생이니라(로마서 6장 23절)」, 저는 24년 차 '정안나 집사執事' 이기도 해요, 형.

정안나 수필가

현(現) 휘건전자 이사
현(現) 수필가 (Essayist:문학고을 신인문학상 수필 수상 2024.11)
현(現) 브런치스토리(Brunchstory) 작가
현(現) 네이버 오디오클립 크리에이터(네이버 블로그 운영)
구(舊) 홍익대학교사범대학부속초등학교 학습준비물센터 자료제작보조원
구(舊) 서울남산도서관 정보자료실 주말계약직
구(舊) 서울화곡초등학교 도서명예교사 간사/녹색어머ㄴ 회
구(舊) 서울신화중학교 명예사서/학부모회 활동들
구(舊) 대명전자 품질관리(Q.C) 주임 등
국립한국방송통신대학교 국어국문학과 졸업(문학사 2017.02)
평생교육사2급(2024.06)
NCS 강사(2024.08)
글로벌원격교육코디네이터/진로계발지도사/성인교육지도사
CS교육전문강사 및 스트레스관리사1급외 8종 자격
문화복지사/독서지도사/한국사지도사/방과후지도사/심리상담사
TM(In·Out Bound 상담사-생명보험설계사/손해보험숱계사 등)
전자출판기능사/전자기기기능사/음향영상기기기능사/무선설비기능사
국군장병위문편지쓰기 대회 우수상(체신부 주최:1982년)
식목일기념 백일장 '동시' 부문 장려상(전일방송·전남일보 주최:1979년)